Der Autor:

Patrick Mikolaj

Patrick Mikolaj – geboren 1980 in Kirchheim unter Teck – ist heute mit Herzblut Stuttgarter. Der hauptberufliche Kaufmann ist im Sommer 2012 als Blogger auf seiner Facebook-Seite UNNÜTZES STUTTGARTWISSEN überraschend auf großes Interesse gestoßen.

Dem erfolgreichen Blog folgten eine Homepage und im Lokalteil Verlag erschienen seine ersten Bücher „UNNÜTZES STUTTGARTWISSEN – Von Akropolis bis Zeppelin" und der zweite Band „Das Besserwisser-Buch". Mikolaj lieferte auch die Texte für den Bildband „BildSchön:STUTTGART – Facetten einer Stadt" und für die jährlich erscheinenden Bildkalender von UNNÜTZES STUTTGARTWISSEN.

Aktuell schreibt und plant er Stadtführungen und arbeitet an weiteren Büchern rund um die baden-württembergische Landeshauptstadt. Der Autor bleibt Stuttgart somit treu und entwickelt die Marke UNNÜTZES STUTTGARTWISSEN kontinuierlich weiter.

Vorwort

Achtung, liebe Leserinnen und Leser, gleich knallt's! Das Buchcover, auf dem es so sehr wummst und pafft, dass der Fernsehturm zum schiefen Turm von Degerloch wird, lässt erahnen, was da auf Sie zukommt. Wenn Sie also weiterblättern, kann dies zu Wissensblitzen und Wow-Effekten führen.

Denn hier schreibt ein Mann über Stuttgart, der verknallt ist in diese Stadt.

Wer seine Heimat so sehr liebt wie Patrick Mikolaj, der mit seinem 2012 gestarteten Unnützen Stuttgartwissen zum größten Lokalpatrioten unserer Stadt mit weit über 35 000 Facebook-Fans geworden ist, der leidet, wenn sie verschandelt wird, wenn den Stadtplanern die Ehrfurcht vor historischen Gemäuern verloren geht.

Es ist immer wieder schön, Patrick an einem herausragenden Ort zu treffen. Beim Eisessen auf dem Eugensplatz oder beim Radler-Trinken auf der Karlshöhe erklärt er einem mit Leidenschaft und seinem umfassenden Stuttgartwissen, das er für unnütz hält, was da unten im Kessel gut und schlecht läuft. Mit seinen vielfältigen Aktivitäten hat Patrick eine neue Heimatliebe geweckt und jungen Menschen gezeigt, wie viel Freude es macht, eine Stadt noch besser zu verstehen, wenn man immer neue Infos serviert bekommt.

Und deshalb freuen wir uns auf das dritte USW-Buch, das im neuen Design mit Superhelden und Markenknallern nun vorliegt. Wie der USW-Erfinder dafür recherchiert hat? Natürlich knallhart! Tagelang ist er mit der Kamera durch die Stadt gestiefelt, um das Verborgene hinter dem Alltäglichen aufzuspüren. Mit der großartigen Optik von Buchgestalter und Comicfan Manuel Kloker ist so etwas wie eine Knalltüte voller Überraschungen entstanden.

Viel Spaß beim Lesen und Blättern! Und vielen Dank an Patrick Mikolaj für seine Arbeit als Stadtdetektiv und Bewahrer des Guten! Das Unnütze Stuttgartwissen ist zu einer Marke der Stadt geworden. Lass es, Patrick, noch viele, viele Jahre knallen!

Uwe Bogen
Kolumnist der Stuttgarter Nachrichten und Buchautor

ERFINDUNGS-KNALLER

Dank Daimlers Motoren fuhren das erste **Motorrad** und das erste **Motorboot** der Welt durch Stuttgart. Der Reitwagen – der Vorgänger des Motorrads – bewegte sich bereits 1885 auf den Straßen Cannstatts. Ein Jahr später tuckerte Gottlieb Daimlers Motorboot über den Neckar.

In der Firma C. & E. Fein im Stuttgarter Westen wurden Ende des 19. Jahrhunderts das erste **tragbare Telefon**, die erste **elektrische Kaffeemaschine** und die erste **elektrische Handbohrmaschine** der Welt erfunden. Diese Handbohrmaschine gilt als Vorläuferin aller Elektrowerkzeuge. Elektrisch ging es auch im 20. Jahrhundert weiter, mit der Erfindung der **Stichsäge** und der **Blechschere**.

Das Wort „flexen" kennt man im deutschsprachigen Raum. Die namensgebende **Flex** – durch eine „flexible" Welle angetrieben – wurde in den 1950er-Jahren von der Firma Ackermann & Schmitt erfunden, die ihren Sitz im Stuttgarter Osten hatte.

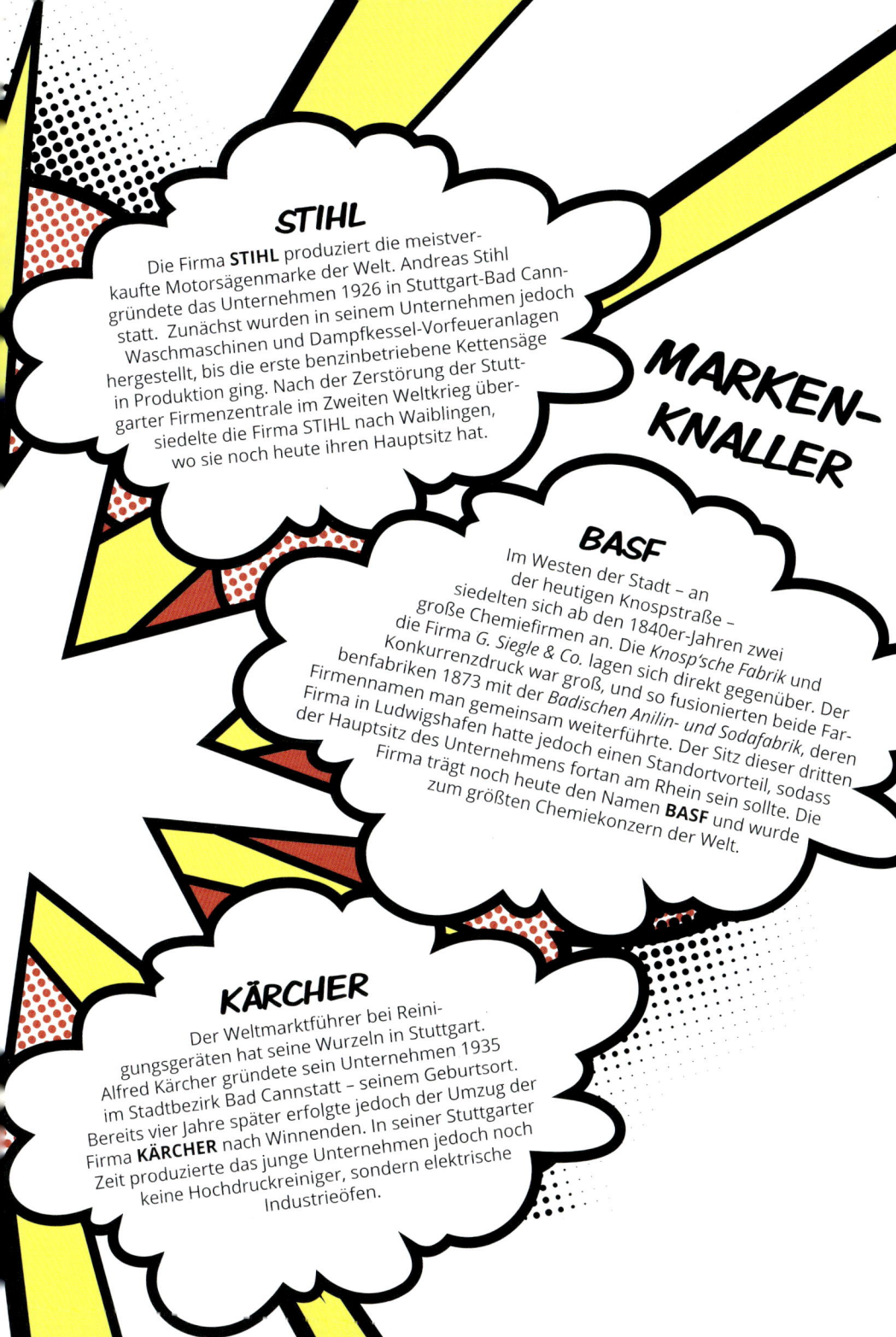

STIHL

Die Firma **STIHL** produziert die meistverkaufte Motorsägenmarke der Welt. Andreas Stihl gründete das Unternehmen 1926 in Stuttgart-Bad Cannstatt. Zunächst wurden in seinem Unternehmen jedoch Waschmaschinen und Dampfkessel-Vorfeueranlagen hergestellt, bis die erste benzinbetriebene Kettensäge in Produktion ging. Nach der Zerstörung der Stuttgarter Firmenzentrale im Zweiten Weltkrieg übersiedelte die Firma STIHL nach Waiblingen, wo sie noch heute ihren Hauptsitz hat.

MARKEN-KNALLER

BASF

Im Westen der Stadt – an der heutigen Knospstraße – siedelten sich ab den 1840er-Jahren zwei große Chemiefirmen an. Die Firma *G. Siegle & Co.* und die *Knosp'sche Fabrik* lagen sich direkt gegenüber. Der Konkurrenzdruck war groß, und so fusionierten beide Farbenfabriken 1873 mit der *Badischen Anilin- und Sodafabrik*, deren Firmennamen man gemeinsam weiterführte. Der Sitz dieser dritten Firma in Ludwigshafen hatte jedoch einen Standortvorteil, sodass der Hauptsitz des Unternehmens fortan am Rhein sein sollte. Die Firma trägt noch heute den Namen **BASF** und wurde zum größten Chemiekonzern der Welt.

KÄRCHER

Der Weltmarktführer bei Reinigungsgeräten hat seine Wurzeln in Stuttgart. Alfred Kärcher gründete sein Unternehmen 1935 im Stadtbezirk Bad Cannstatt – seinem Geburtsort. Bereits vier Jahre später erfolgte jedoch der Umzug der Firma **KÄRCHER** nach Winnenden. In seiner Stuttgarter Zeit produzierte das junge Unternehmen jedoch noch keine Hochdruckreiniger, sondern elektrische Industrieöfen.

VON LIEBE & REUE

„Die Liebe höret nimmer auf", steht über dem Portal der **Grabkapelle auf dem Württemberg** geschrieben. Das Mausoleum thront seit 1824 hoch über dem Neckartal und wurde als letzte Ruhestätte für die jung verschiedene Königin Katharina erbaut. Die russische Zarentochter verstarb bereits fünf Jahre zuvor, aber ihr Gatte, König Wilhelm I. von Württemberg, wünschte sich für seine Königin eine angemessene Grabstätte. Um diese in bester Lage errichten zu können, ließ Wilhelm I. sogar die Ruine der alten Stammburg der Württemberger an jener Stelle abreißen. Er handelte aus Reue, so sagte man es dem König nach. Katharina war erst knapp zwei Jahre mit Wilhelm verheiratet, als dieser ein Verhältnis mit einer anderen Frau begann. Die Legende besagt: Die junge Königin hatte sich in einer Winternacht in ihrem Frust – nur mit einem dünnen Kleid bekleidet – in den Schlossgarten begeben, um ihrem Gatten beim Fremdgehen aufzulauern. Dabei zog sie sich eine schwere Grippe zu, an deren Folgen sie schließlich verstarb. Der Bau der Grabkapelle hatte gerade erst begonnen, als der König erneut heiratete. Ob aus Reue oder wahrer Liebe zu Katharina: Der König plante nie ein Gemeinschaftsgrab mit seiner späteren Gattin Pauline, sondern ließ sich 45 Jahre nach dem Tod Katharinas ebenfalls in der Grabkapelle auf dem Württemberg beisetzen.

VON ALHAMBRA & SPANIEN

Der Bau der gesamten Wilhelma-Anlage dauerte 22 Jahre. Wegen der vorhandenen Mineralwasserquellen wollte König Wilhelm I. nahe dem Neckar ein privates *Badhaus* mit einer weitläufigen Gartenanlage errichten lassen. Hierfür wählte er den maurischen Baustil, der im 19. Jahrhundert in Europa sehr beliebt war. Vorbild sollte die Palastanlage *Alhambra* im spanischen Granada werden. Um den orientalischen Stil der Anlage so authentisch wie möglich kopieren zu können, holte der König sich Rat bei einem Tübinger Orientalisten. Da es üblich war, einer solchen Anlage einen weiblichen Namen zu geben – die Bedeutung als privater Garten des Königs aber auch erkennbar sein sollte –, empfahl der Fachmann die Bezeichnung „el Wilhelmie". Der Monarch war davon jedoch nur wenig begeistert und entschied sich stattdessen für den alternativen Namen **Wilhelma**. 1864 war die Wilhelma schließlich fertiggestellt – doch verstarb im selben Jahr auch ihr Bauherr, König Wilhelm I. Sein Sohn Karl macht die Wilhelma ab 1880 auch den Bürgern – gegen ein Eintrittsgeld – zugänglich. Nach dem Ende der Monarchie wurde der Park zu einem botanischen Schaugarten ausgebaut. Die ersten Tiere zogen erst dagegen1949 in die Wilhelma.

WISSENSBLITZ

Bei der Planung des Fernsehturms, Anfang der 1950er-Jahre, wäre ihm fast ein rot-weiß geringelter Anstrich verpasst worden. Wegen des Standorts nahe dem Flughafen war dies rechtlich notwendig, um ihn so für anfliegende Flugzeuge deutlich sichtbar zu machen. Die Bemalung des gesamten Turmschafts konnte nur verhindert werden, indem man am Turmkorb die neuesten Hochdrucklampen – wie man sie von Leuchttürmen kennt – zum Einsatz brachte. Diese rotierenden Flugsicherheitsscheinwerfer sorgen noch heute dafür, dass der **Fernsehturm** von keinem übersehen werden kann.

KURZ UND KNALLIG!

Schlösser hat Stuttgart einige. Es gab aber auch zahlreiche Burgen im Stadtgebiet. Die letzten sichtbaren Überreste gehören zur **Burg Hofen**, die Mitte des 13. Jahrhunderts von den Grafen von Württemberg am Hang mit Blick auf den Neckar errichtet wurde. Sie diente der Sicherung der Handelswege und als Neckarübergang, der an dieser Stelle so flach war, dass man ihn zu Fuß überqueren konnte. Die Höhenburg in Hofen wurde schließlich im 17. Jahrhundert im Dreißigjährigen Krieg zerstört.

VON BÜHNE & ENSEMBLE

Anfang des 20. Jahrhunderts wurde am oberen Ende der Königstraße eine alte Legationskaserne abgerissen und an ihrer Stelle der Wilhelmsbau errichtet. Durch den Abriss der Kaserne entstand auch Platz für eine neue kleine Straße, die fortan die Marienstraße und die Tübinger Straße miteinander verbinden sollte. An dieser Kleinen Königstraße entstand 1909 das *Stuttgarter Schauspielhaus* mit seiner markanten, halbrunden Jugendstilfassade. Die neue Theaterbühne machte sich schnell einen Namen und erlebte in den 1920er- und 1930er-Jahren ihre Blütezeit. Nach dem Zweiten Weltkrieg wurde das Schauspielhaus zügig wieder aufgebaut und war ab 1950 für zwölf Jahre die Heimat des Schauspielensembles des Württembergischen Staatstheaters, dessen eigene Schauspielbühne im Schlossgarten im Bombenhagel zerstört worden war. Als 1962 im Schlossgarten der Neubau an selber Stelle fertiggestellt war, zog das Ensemble dorthin zurück. Das Theater in der Kleinen Königstraße wurde geschlossen und fiel in einen Dornröschenschlaf. Erst Anfang der 1980er-Jahre wurde das Theater wieder zum Leben erweckt. Es wurde von Grund auf saniert und 1984 unter dem Namen **Altes Schauspielhaus** wiedereröffnet.

VON SCHLOSS & SCHLÖSSLE

Ab dem 16. Jahrhundert entstanden im Rotwildpark drei Stauseen zur Wasserversorgung Stuttgarts. Als reguläre Wasserversorgung dienen die drei Parkseen zwar nicht mehr, als Notwasserversorgung der Stadt haben sie jedoch auch heute noch nicht gänzlich ausgedient. Auf einem Hügel am bekanntesten der drei Gewässer – dem Bärensee – ließ Herzog Carl Eugen im 18. Jahrhundert einen Jagdpavillon errichten. Dieses sogenannte **Bärenschlössle** lag am Ende einer rund drei Kilometer langen Straße, die von Schloss Solitude durch den Wildpark bis zum **Bärensee** führte. Da sich der Herzog oft und gerne im Wildpark zur Jagd aufhielt, war auch das Bärenschlössle mit allem nötigen Prunk ausgestattet. Im Bärensee schwammen daher auch zwei echte venezianische Gondeln, die der Herzog von einer Italienreise mitgebracht hatte. In veränderter Form ließ König Wilhelm I. später einen neuen Jagdpavillon an selbiger Stelle errichten. Dieses neue Bärenschlössle ist noch heute ein beliebtes Ausflugsziel der Stuttgarter.

A City sweet as

Sugar

KURZ UND KNALLIG!

Wenn man aus STUTTGART alle Ts entfernt, erhält man das Wort SUGAR.

14

WISSENSBLITZ

Die **Eugenstaffel** führt hinauf zum Eugensplatz. Das erscheint naheliegend. Jedoch sind Staffel und Platz nicht nach demselben Eugen benannt. Der Eugensplatz trägt seinen Namen zu Ehren von Herzog Eugen von Württemberg, einem Neffen von König Friedrich. Die Eugenstaffel – offiziell heißt sie Eugenstraße – wurde erst später nach dem Enkel des eben erwähnten Eugen benannt: Herzog Wilhelm Eugen. Dieser heiratete später Großfürstin Wera, die Adoptivtochter von Königin Olga.

3

VON PARTY & FLUSS

Durch Staustufen und Kanalisierung ist der Neckar in Stuttgart seit 1956 schiffbar. Da sich nicht nur Frachtschiffe auf dem Fluss tummeln sollten, beschlossen der Unternehmer Karl Epple und seine Frau Berta ein Jahr später, die Personenschifffahrt in Stuttgart einzuführen. Mit zunächst zwei Schiffen bot man Rundfahrten auch zum neuen Hafen an. Die Zahl der Schiffe und der Anlegestellen stieg, und schließlich standen auch Fahrten zwischen Plochingen und Heilbronn auf dem Programm. Rund 40 Jahre lang wurde die Neckar-Personen-Schiffahrt von Familie Epple betrieben. 1997 übernahm das Ehepaar Thie das Ruder und betreibt die Schiffsflotte seither unter dem bekannten Namen **Neckar Käpt'n**. Die vier Schiffe *MS Wilhelma*, *Bad Cannstatt*, *Stuttgart* und *Liberty* verkehren heute auf verschiedenen Routen zwischen Esslingen und Lauffen am Neckar, an dessen Ufer 23 Anlegestellen für sie zur Verfügung stehen. Seit 2008 gibt es zudem eine Besonderheit auf dem Fluss: Ein Partyfloß für bis zu 200 Passagiere bietet seither eine ganz andere Eventlocation in der Landeshauptstadt.

5

VON MUSEUM & MESSE

Die drei markanten Kuppeln sind weithin sichtbar in der Stuttgarter Innenstadt. Das wuchtige Gebäude mit seiner neobarocken Fassade wurde in den 1890er-Jahren als *Landesgewerbemuseum* eingeweiht. König Karl eröffnete das Museum persönlich, in dem die zentrale Halle auch seinen Namen tragen sollte. Über zwei Etagen erstreckte sich eine Ausstellung, die unter anderem Uhren, Möbel, alte Instrumente, Keramik und Edelmetallarbeiten zeigte. Besondere Erfindungen aus dem Königreich Württemberg wurden hier ebenso präsentiert wie ausländische Errungenschaften. Diese sollten der heimischen Wirtschaft als Anregung dienen. Nach dem Ende der Monarchie wurde das Museum Sitz des Landesgewerbeamtes. Rund 100 Jahre nach seiner Einweihung bekam das ehemalige Landesgewerbemuseum seinen heute bekannten Namen: **Haus der Wirtschaft**. Der Förderung des Gewerbes zu dienen, ist ungebrochen die Aufgabe des Bauwerks. Heute sind neben dem *Landesministerium für Finanzen und Wirtschaft* und dem *Regierungspräsidium* auch viele Stiftungen zur Wirtschaftsförderung dort ansässig. Das *Haus der Wirtschaft* dient zudem als Veranstaltungsort für Ausstellungen, Tagungen und Messen. Die jährlich stattfindenden *Stuttgarter Buchwochen* gehören wohl zur bekanntesten Veranstaltung im historischen Bauwerk.

WISSENSBLITZ

Der schräg ansteigende Ausstellungsbereich des **Porsche Museums** ist 140 Meter lang, 70 Meter breit und „schwebt" bis zu 16 Meter in der Luft. Dieser sogenannte *Flieger* wird dabei lediglich von drei Stützen in die Höhe gestemmt. Das wuchtigste Bauteil zum Porscheplatz hin schwebt als 45 Meter langer Überhang dabei frei in der Luft. Architektonisch orientierte man sich daher auch am Brückenbau. Um diesen Kraftakt stemmen zu können, musste ein Stahlskelett geschaffen werden, das die Masse des Pariser Eiffelturms hat.

6

VON AUTO & LICHT

Das **Kunstmuseum** am Kleinen Schlossplatz eröffnete 2005 und ersetzte einen Beton-Zweckbau der 1960er-Jahre. Die städtische Kunstsammlung war bis dahin im Kunstgebäude am Schlossplatz untergebracht. Der markante Glaswürfel direkt an der Königstraße beherbergt jedoch nur rund 20 Prozent der Ausstellungsfläche, denn der größte Teil der Kunstsammlung befindet sich unter dem Kleinen Schlossplatz. Ausgediente Röhren des Planie-Autotunnels, der unter dem Platz verläuft, wurden für das Museum in Ausstellungsräume umgewandelt. Kunst kann man bei der städtischen Galerie auch außerhalb der Ausstellungsräume erleben. Schon im Foyer strahlt ein Werk von der Decke. Die Lichtinstallation *Treibholz* besteht aus 167 Doppelleuchtröhren, die wie Äste in einem Fluss treibend angeordnet sind und durch ständig sich ändernde Lichtverhältnisse im Foyer das Gefühl vermitteln, man befände sich an einem bewölkten Tag unter freiem Himmel. Auch unter dem Kunstmuseum kann man eine Lichtinstallation aus dem Auto heraus bewundern. An der Decke des Planie-Tunnels weist das blau leuchtende Viereck *50 km/h* auf die Kunstsammlung im Museum hin, das sich direkt darüber befindet.

WISSENSBLITZ

Seit 1984 sind mehr als zwölf Millionen Besucher über den berühmten giftgrünen Noppenboden der **Neuen Staatsgalerie** spaziert. Daher musste dieser nach 30 Jahren ausgetauscht werden. Um den neuen Noppenboden finanzieren zu können, war es möglich, für 50 Euro eine Patenschaft für einen Quadratmeter Boden zu übernehmen. Als der Architekt James Stirling gefragt wurde, warum er sich ausgerechnet für diesen giftgrünen Boden entschieden hatte, meinte dieser nur: „Because I like it. "

8

VON BAUSTART & GEMÄUER

Als man einst den Bau eines *neuen* Schlosses in Stuttgart in Auftrag gegeben hatte, war unklar, was mit dem alten Schloss in direkter Nachbarschaft geschehen sollte. Die Herzöge hatten Stuttgart 1718 den Rücken gekehrt, das **Alte Schloss** verlassen und Ludwigsburg zur Residenz gemacht. Als man wieder nach Stuttgart zurückkehren wollte, wurde 1746 der Grundstein für das Neue Schloss gelegt. Doch schon einige Jahre vor dem Baustart hatte Stuttgart den Status der Residenzstadt Württembergs zurückerhalten. Daher bewohnte Herzog Carl Eugen neben Schloss Ludwigsburg gelegentlich auch das Alte Schloss und erlöste das mittelalterliche Gemäuer so aus seinem jahrzehntelangen Schattendasein. Als in den 1770er-Jahren die ersten Räumlichkeiten im Neuen Schloss bezogen werden konnten, hatte sein Vorgängerbau für die Herzöge fast gänzlich ausgedient. Dort zog unter anderem ein Erziehungsinstitut für adelige und wohlhabende bürgerliche Mädchen ein. Das Alte Schloss war nun zu einer Art Nebengebäude des Neuen Schlosses geworden, und dort wurden Wohnräume für den Hofstaat und auch ein Teil der Hofämter eingerichtet. Das Alte Schloss hatte sich somit zu einem Büro- und Wohngebäude gewandelt. Auch die Nutzung als Museum ist keine Idee der Neuzeit. Denn bereits 1899 ließ König Wilhelm II. hier ein Armeemuseum einrichten.

VON BECKETT & JOE

Der irische Schriftsteller **Samuel Beckett** verbrachte einige Zeit in Stuttgart, um hier mit dem Süddeutschen Rundfunk zusammenzuarbeiten. Da er mit dem britischen Sender BBC unzufrieden war, wollte er sein erstes Fernsehspiel – das Werk *He, Joe* – 1966 in Stuttgart produzieren. Mit der effektiven Arbeitsweise der Schwaben war er sehr zufrieden und kooperierte daher über Jahre hinweg mit dem SDR. Auch sein letztes Fernsehspiel *Nacht und Träume* – das er ebenfalls selbst inszenierte – wurde 1983 in Stuttgart gedreht. Mit allen Beteiligten sprach Beckett auf Deutsch und warf daher auch immer ein strenges Auge auf die Übersetzungen seiner Werke. Besonders häufig war der Autor in seiner Freizeit im Schlossgarten anzutreffen, da der Sender nur einen Steinwurf entfernt lag. Über die Neckarstraße – die Adresse des Senders – hatte der Literatur-Nobelpreisträger sogar ein paar – wenig schmeichelhafte – Zeilen geschrieben:

Vergeßt nicht beim Stuttgart-Besehen / die Neckarstraße zu gehen. / Vom Nichts ist an diesem Ort / der alte Glanz lange fort. / Und der Verdacht ist groß / hier war schon früher nichts los.

VON EHEN & KINDERN

Die Familienverhältnisse der Monarchen waren schon immer recht verworren. Die württembergischen blieben diesbezüglich keine Ausnahme. Viele Frauen, viele Kinder, wenig Auswahl an Vornamen. Zur Not wurden die Namen eben durchnummeriert. Der Versuch einer Zusammenfassung: Vor dem Ende der Monarchie war Württemberg ein Königreich. Es gab vier Könige – Friedrich, Wilhelm I., Karl, Wilhelm II. – und fünf Damen, die den Titel der Königin trugen. Friedrich war zweimal verheiratet. Den Titel *Königin* trug aber nur Charlotte Auguste. Sein Sohn Wilhelm I. – aus erster Ehe – war sogar dreimal verheiratet. Er hatte zwei Königinnen. Zunächst Katharina – die nach nur wenigen Jahren als Königin verstarb – und schließlich Pauline. Pauline war die einzige Königin, die einen Kronprinzen zur Welt brachte. Ihr Sohn Karl hatte Olga zu seiner Königin gemacht. Karl war jedoch homosexuell und hatte daher keine eigenen Nachkommen. Der Titel des Königs ging somit an den Sohn seiner Schwester über. **Wilhelm II.** war schließlich der vierte und letzte König von Württemberg und zweimal verheiratet. Nach dem Tod der ersten Gattin heiratete er Charlotte und machte sie zur fünften und letzten Königin des Landes.

WISSENSBLITZ

Ein markantes Gebäude am Erwin-Schoettle-Platz in Heslach ist das **Alte Feuerwehrhaus**. Das Backsteingebäude wurde Ende des 19. Jahrhunderts als Magazin für die Heslacher Feuerwehr erbaut. Im Turm des Gebäudes – mit seiner Spitze in Sichtfachwerk – wurden die Feuerwehrschläuche zum Trocknen aufgehängt. Auch eine Turnhalle gehörte zum Ensemble, die in den 1970er-Jahren zu einem Festsaal umgebaut wurde. Zur selben Zeit wurde auch das restliche Gebäude in ein Kultur- und Bürgerzentrum für den Bezirk Stuttgart-Süd umgewandelt.

9

VON AKTEN & HEBEL

Als Synonym für den Aktenordner steht in ganz Deutschland der *Leitz-Ordner*. Und dieser kommt aus Stuttgart. Bereits 1871 gründete der Mechaniker Louis Leitz in Feuerbach eine *Werkstätte zur Herstellung von Metallteilen für Ordnungsmittel*. Seine erste Erfindung zur besseren Ablage von Unterlagen war recht unspektakulär. Zwischen zwei Aktendeckeln wurden das Papier hierbei lediglich aufgespießt. Rund 25 Jahre später – den Ringordner gab es bereits – erfand Leitz den bekannten Hebelmechanismus, der das Auseinanderbiegen der Metallbügel wesentlich erleichterte. Die Technik dieses Hebelordners blieb in den letzten knapp 120 Jahren nahezu unverändert. Das Feuerbacher Unternehmen perfektionierte auch den Umschlag des Aktenordners. Die Raumsparschlitze im Deckel und das Griffloch am Ordnerrücken stammen ebenfalls von der Firma Leitz. Durch ihre Qualitätsprodukte und das unverwechselbare Design gelang es der Firma, dass in Deutschland der Namen **Leitz** für jede Art von Aktenordner steht. Heute befindet sich am Firmensitz in Stuttgart-Feuerbach jedoch nur noch die Verwaltung. Louis Leitz starb 1918 und fand auf dem Pragfriedhof seine letzte Ruhestätte.

10

KURZ UND KNALLIG!

Hinter dem Hospitalviertel befand sich bis zum Ende des 18. Jahrhunderts die nördliche Stadtgrenze. Vor der Stadtmauer erstreckten sich drei Trink- und Löschwasserseen. Aus hygienischen Gründen wurden sie jedoch nach und nach aufgelassen und eingeebnet. Auf diesem Areal befinden sich heute die Universität und der Stadtgarten sowie der **Berliner Platz** und das *Bosch Areal*.

WISSENSBLITZ

Die kleine **Bopseranlage** – an der Hohenheimer Straße, unterhalb des Teehauses gelegen – wurde bereits Ende des 18. Jahrhunderts angelegt. Wegen der besonders guten Wasserqualität der nahen Bopserquelle errichtete man dort einen kleinen Trinkwasserbrunnen. Zum Schutz des Brunnens wurde 1840 ein Pavillon errichtet. Dieser wurde in den 1990er-Jahren nach historischen Vorgaben wiederaufgebaut und steht noch heute im Zentrum der Grünanlage. Eine kleine Besonderheit ist der dortige Kinderspielplatz. Er entstand bereits in den 1880er-Jahren und gehört zu den ersten Spielplätzen der Stadt.

VON PORTAL & SCHREIBEREI

Wenn man die **Alte Kanzlei** am Schillerplatz genau betrachtet, wird man feststellen, dass das Gebäude aus zwei Teilen besteht. In der Mitte überragt ein Treppengiebel das Dach. Er ist die sichtbare Spitze einer Brandmauer, die die beiden Gebäudehälften voneinander trennt. Daher gibt es auch gleich zwei reich geschmückte Eingangsportale, und jeder Gebäudeteil hat seinen eigenen, markanten Treppenturm. Der ältere, näher am Alten Schloss gelegene Teil der Kanzlei entstand bis 1544 und sollte die *Landschreiberei* und die *Hof- und Rentkammer* aufnehmen. Da die Beamten bequem zwischen dem Schloss – das von einem Wassergraben umgeben war – und ihrer Amtsstube wechseln können sollten, verband ein überdachter Holzsteg beide Gebäude. Die Kanzlei musste jedoch immer mehr Beamte aufnehmen, was dazu führte, dass bereits 23 Jahre später ein Erweiterungsbau errichtet wurde und man das bestehende Gebäude um eine Etage aufstockte. In den 1830er-Jahren entstand an der Königstraße schließlich ein neuer Kanzleibau. Seither trägt das Doppelhaus am Schillerplatz den Namen *Alte Kanzlei*. Im Altbau haben die Finanzbeamten jedoch längst für einen anderen Verwaltungszweig Platz gemacht. Die Büroräume über dem Restaurant im Erdgeschoss werden heute vom Landesjustizministerium genutzt.

13

VON KLOSTER & SPITAL

Stuttgart bekam erst sehr spät ein eigenes Kloster. So spät, dass es nur 63 Jahre existieren sollte. 1473 wurde vor den Toren der Kernstadt – im heutigen Hospitalviertel – eine Kirche erbaut, der man ein Dominikanerkloster angegliederte. Trotz seiner Schlichtheit dauerte es rund 20 Jahre, bis der Kirchenbau vollendet war. Lange Zeit hatte das Gotteshaus nicht einmal einen Turm. Dem Kirchenbau schlossen sich entlang eines Kreuzganges die Klosterbauten an. Die Mönche waren aus dem Nürnberger Kloster angereist, unter dessen Leitung das Stuttgarter Haus stand. Durch die Reformation in Württemberg wurde das Kloster jedoch 1536 bereits wieder aufgelöst. Die Gebäude wurden kurzerhand umgebaut und nahmen schließlich das städtische Spital auf, das auf der Suche nach einem größeren Standort war. Die Kirche sollte daher fortan den Namen **Hospitalkirche** tragen. Mitte des 18. Jahrhunderts bekam sie dann auch endlich einen Glockenturm. Bei den Bombardements im Zweiten Weltkrieg wurden die letzten Gebäude des alten Klosters und des späteren Spitals komplett zerstört. Von der Hospitalkirche blieben nur der Chor, der Turmstumpf und die Südmauer erhalten. Das Kirchenschiff wurde anschließend um fast zwei Drittel kleiner wieder aufgebaut. Die Südmauer steht heute daher zum größten Teil frei und bildet so eine Art Mahnmal.

14

VON HEILUNG & KUR

Der Wilhelmsbrunnen im Cannstatter Kurpark wird von einer der bekanntesten Mineralwasserquellen der Stadt gespeist. Sie war schon im 19. Jahrhundert für ihre besondere Heilwirkung bekannt und wurde daher von vielen zur Trinkkur genutzt. Auch der Stuttgarter Hofrat Karl Friedrich Sick setzte wegen eines Leidens auf diese Mineralwasserquelle vor den Toren Cannstatts und wurde tatsächlich wieder gesund. Seine Freude darüber drückte er durch eine großzügige Spende aus, durch die der verwilderte Hügel – an dessen Fuße sich der Brunnen befand – zu einer Parkanlage umgestaltet werden konnte. Somit war der Grundstein für den **Kurpark** gelegt. Auch König Wilhelm I. war ein großer Anhänger des Heilwassers. Damit die zum Wilhelmsbrunnen pilgernden Menschen ihre Trinkkuren auch bei Wind und Wetter durchführen konnten, unterstützte der König 1825 den Bau eines Kursaals im klassizistischen Stil. Dieser bestand zunächst nur aus dem markanten Mittelbau. Die beiden Seitenflügel zum Flanieren kamen erst Jahre später hinzu. 1909 wurde dieser – nun als *Großer* Kursaal bezeichnete Bau – durch einen *Kleinen* Kursaal im Jugendstil ergänzt, der ein Café und einen Tanzsaal aufnahm.

Villa Berg

Parkhotel Silber

15

VON MEHRZWECK & BESUCHERN

Die 1983 eingeweihte Hanns-Martin-Schleyer-Halle ist Stuttgarts größte Mehrzweckhalle. Seit der Modernisierung im Jahre 2006 finden dort bis zu 15.500 Besucher Platz. Sie war jedoch nicht die erste Halle für Großveranstaltungen in der Stadt. Bereits 1926 öffnete an der Neckarstraße im Bezirk Ost die **Stadthalle** ihre Tore für Kultur- und Sportveranstaltungen mit bis zu 10.000 Besuchern. Der recht nüchterne Holz- und Backsteinbau strahlte jedoch eher den Charme einer riesigen Sporthalle aus. Zirkusaufführungen fanden hier ebenso statt wie Faschingsfeiern, Rollhockey-Turniere oder Boxkämpfe. Jedoch sollte vor allem eine politische Veranstaltung die Stadthalle berühmt machen. Adolf Hitler hielt hier 1933 seine erste, bundesweit im Radio ausgestrahlte Rede. Im später folgenden Krieg, den ebenjener Politiker ausgelöst hatte, sollte 1944 auch die Stuttgarter Stadthalle im Bombenhagel zerstört werden. Die Ruine der Mehrzweckhalle wurde anschließend abgerissen und Jahrzehnte später an ihrer Stelle das Funkhaus des Süddeutschen Rundfunks – des heutigen SWR – erbaut. Doch selbst die Stadthalle hatte noch einen Vorgänger. Als erste Städtische Mehrzweckhalle kann man nämlich die Alte Reithalle hinter dem *Bosch Areal* bezeichnen. Sie war bereits Ende des 19. Jahrhunderts eine Art „Halle für alle".

16

VON DACH & STIPENDIATEN

In der kurzen Kanalstraße, direkt hinter dem Hochhaus am Charlottenplatz, befindet sich versteckt eine historische Häuserzeile. Das schmale Backsteinhaus mit der Nummer 4 ist gerade einmal 4,6 Meter breit. Im hinteren Bereich ist es sogar noch etwas schmaler. 1983 wurde das Gebäude aus dem 17. Jahrhundert zum ersten deutschen **Schriftstellerhaus**. Der gleichnamige Verein hat sich die Förderung der Literatur zur Aufgabe gemacht. Seither ist das kleine Häuschen ein beliebter Treffpunkt und eine wichtige Informationsquelle für Schriftsteller aus der Region Stuttgart. In den kleinen, gemütlichen Räumlichkeiten im Erdgeschoss finden regelmäßig Lesungen und Tagungen statt. Im dritten Stock, unterm Dach des Hauses, wurde zudem eine kleine Wohnung eingerichtet, in der Stipendiaten aus dem Schriftstellerbereich für je drei Monate untergebracht werden können.

VON CITY & GÄU

Von den Fildern her kommend gab es bis in die 1980er-Jahre keine andere Regionalbahnstrecke hinunter in die Stuttgarter City als die Gäubahn. Diese Strecke führt in einem großen Bogen von Vaihingen, immer den Hang entlang, bis zum Hauptbahnhof. Um den Nahverkehr zwischen den Fildern und den Innenstadtbezirken jedoch effektiver machen zu können und vor allem schnellere Verbindungen zu schaffen, plante man bereits in den 1960er-Jahren – als Teil der unterirdischen *Verbindungsbahn* im Talkessel – einen Tunnel durch den Hasenberg hinauf auf die Filderebene. Er war jedoch zu kurz, um tatsächlich für den Bahnverkehr Vorteile zu bringen, daher wurden die Pläne zurückgestellt, und der S-Bahnhof *Schwabstraße* war vorerst Endhaltestelle im Talkessel. Als in den 1970er-Jahren jedoch der Universitätsstandort in Vaihingen immer weiter ausgebaut wurde, holte man die Pläne für den Hasenbergtunnel erneut aus der Schublade. Die unterirdische Strecke sollte nun jedoch erheblich länger werden und erst mit der ebenfalls unterirdischen Haltestelle *Universität* in Vaihingen auf den Fildern enden. Direkt nach der Eröffnung der S-Bahn-Strecke im Talkessel wurde 1979 mit den Grabungen des 5,5 Kilometer langen Hasenbergtunnels begonnen. 1985 konnten schließlich die ersten **S-Bahnen** die schnellere Verbindung von den Fildern direkt in die City nutzen.

VON FEUERSTURM & LUFT

Wie viele andere deutsche Städte wurde auch Stuttgart zur Zeit des Zweiten Weltkriegs mehrmals aus der Luft bombardiert. Der erste Luftangriff fand im August 1940 statt. Zunächst waren lediglich Industriegebiete Ziele der Flugzeuge der amerikanischen und britischen Alliierten. Ab 1943 wurden jedoch auch Wohngebiete bewusst bombardiert. Die verheerendsten Zerstörungen brachten die Angriffe zwischen Juli und September 1944. In diesem Zeitraum steuerten oft tagelang Hunderte Flugzeuge die Stadt an und warfen Tausende Spreng- und Brandbomben ab. Letztere führten im Stuttgarter Talkessel zu Feuerstürmen. Dies sollte zu einer größtmöglichen Zerstörung führen und forderte besonders viele Todesopfer. Der letzte Luftangriff fand im April 1945 statt. Im selben Monat wurde die Stadt an die französischen Besatzungskräfte übergeben. Insgesamt wurde Stuttgart 53-mal aus der Luft angegriffen. 12.000 Sprengbomben und 130.000 Brandbomben vernichteten fast 60 Prozent der Gebäude im Stadtgebiet. In der Innenstadt wurden sogar rund 70 Prozent zerstört. 4.600 Menschen verloren bei den Bombardements ihr Leben.

Universal-Bibliothek

KURZ UND KNALLIG!

Der **Reclam** Verlag wurde 1828 in Leipzig gegründet und bekam nach der Teilung Deutschlands 1947 einen westdeutschen Verlagszweig in Stuttgart. Bis 1980 hatte der Verlag seinen Sitz an der Mönchstraße in Stuttgart-Nord, bis er nach Ditzingen übersiedelte. 1970 erhielten die bekannten kleinen Büchlein der **Universal-Bibliothek** in Stuttgarter ihr heute noch bekanntes gelbes Design.

17

VON SAMEN & RIESEN

In Stuttgart gibt es verhältnismäßig viele alte **Mammutbäume**. Dieser Umstand ist einem Bestellfehler zu verdanken. König Wilhelm I. orderte 1864 ein paar Gramm Samen des Baums in Kalifornien. Geliefert wurde jedoch ein halbes Kilo. Man beschloss, die Samen in den Gewächshäusern der Wilhelma auszusäen und die rund 6.000 Setzlinge anschließend im ganzen Königreich Württemberg zu pflanzen. In der Wilhelma gibt es daher nahe dem Bärengehege ein eigenes kleines Mammutbaum-Wäldchen. Im ganzen Stadtgebiet finden sich heute noch ca. 125 der mächtigen Bäume, von denen 13 sogar als Naturdenkmale unter besonderem Schutz stehen. Wenn man von der Lebenserwartung eines Mammutbaums ausgeht, sind die Stuttgarter Exemplare jedoch noch Kleinkinder. Wenn alles gut läuft, dann stehen die hölzernen Riesen auch in 3.000 Jahren noch.

Glocke von 1459

Diese Glocke stammt aus dem 1459 bis
etwa 1459 erbauten ersten Rathaus der
Stadt.

Ihre Inschrift lautet:

Das Jahr 1459 ist gekommen, da wurde
ich gegossen.

18

VON MARKTPLATZ & GLOCKE

Am Marktplatz steht heute der dritte Rathausbau der Stadt. Das erste **Rathaus** wurde 1468 eingeweiht. Es war ein einfaches Fachwerkhaus, das über 100 Jahre später eine reich geschmückte Steinfassade erhalten sollte. Ende des 19. Jahrhunderts war jedoch ein größerer Neubau zwingend notwendig geworden. Um mehr Platz zu schaffen, mussten neben dem alten Rathaus daher zwanzig weitere Gebäude abgerissen werden. So entstand bis 1905 das „Neue Rathaus" im Stil der flämischen Gotik, das von einem prächtigen Turm überragt wurde. Nur 40 Jahre später brannte das Gebäude im Zweiten Weltkrieg gänzlich aus. Man entschied beim Wiederaufbau, den hinteren Teil des Rathauses zu erhalten, den Gebäudetrakt zum Marktplatz hin jedoch abreißen und „modern" wieder aufbauen zu lassen. So gesehen hatte die Stadt also in ihrer Geschichte zweieinhalb Rathäuser mit wechselnden Fassaden zum Marktplatz hin. Selbst vom ersten Rathaus blieb ein kleines Andenken erhalten: Die **Glocke** – die in einem kleinen, aufgesetzten Türmchen auf dem Dach des Fachwerkhauses hing – hatte man aufbewahrt. Eigentlich sollte sie zu Kriegszwecken eingeschmolzen werden, doch man versteckte sie und bewahrte sie so vor diesem Schicksal. Heute hat die alte Rathausglocke im Turm des Neubaus wieder einen festen Platz gefunden.

19

VON MINI & LILIPUT

In Deutschland gibt es noch vier sogenannte *Liliputbahnen*. Die älteste von ihnen ist die Stuttgarter **Killesbergbahn**. Zur Einweihung des Höhenparks 1939 fuhren die ersten Dampfbähnchen auf nur 381 Millimeter breiten Gleisen durch die Grünanlage. Auf der heute rund 2,3 Kilometer langen Strecke sind drei Bahnen bereits seit der *Deutschen Gartenschau* 1950 im Einsatz. Zu den Dampflokomotiven *Tazzelwurm* und *Springerle* sowie der Diesellok *Blitzschwoab* gesellte sich zur *Internationalen Gartenbauausstellung* 1993 eine vierte Bahn – die Diesellok *Schwoabapfeil*. Die letzte Anschaffung der Bahnflotte – mit Baujahr 1929 jedoch das älteste Modell – ist die Dampflok *Santa Maria*. Sie war für Jahrzehnte in Spanien im Einsatz und dampft seit 2015 nun als fünfte Liliputbahn durch den Höhenpark. Von ihren ersten Fahrten bis zum Zweiten Weltkrieg wurde die Killesbergbahn von den *Stuttgarter Straßenbahnen* betrieben. Seit 2011 ist die *SSB* nun aufs Neue für sie verantwortlich. Aufgrund ihrer Seltenheit und ihres Alters steht die Stuttgarter Liliputbahn seit den 1990er-Jahren als „technisches Denkmal" unter besonderem Schutz. Weniger bekannt, noch älter und auf noch schmaleren Schienen unterwegs, ist die Kinderstraßenbahn *Rumpelstilzchen*. Diese Mini-Straßenbahn ist seit 1931 ausschließlich für Kinder der SSB-Mitarbeiter im Einsatz. Auf nur 600 Millimeter breiten Gleisen zuckelt sie heute durch das Waldheim der SSB in Degerloch.

20

VON LONDON & PARIS

Vieles ist aus Stuttgart einfach nicht mehr wegzudenken, so auch eines der größten Kaufhäuser Deutschlands. Dessen Stammhaus wurde im Jahr 1881 von Eduard Breuninger am Marktplatz in Stuttgart eröffnet und hat seither so einige Rekorde aufgestellt. In den 1950er-Jahren bot das Kaufhaus **Breuninger** seinen Kunden als eines der ersten in der Republik Rolltreppen und Aufzüge. 1959 führte es als erstes deutsches Handelsunternehmen eine Kundenkarte ein. Eine Erfolgsgeschichte, hat *Breuninger* heute doch über eine Million Karten-Kunden. Auch besitzt das Kaufhaus als einziges Einzelhandelsunternehmen bundesweit einen eigenen Friseurbetrieb, und sogar beim unternehmenseigenen Parkhaus war *Breuninger* Vorreiter in der Republik. Um sich von anderen Kaufhäusern abheben zu können, ging das Unternehmen den Luxus-Weg. Gerne sieht sich *Breuniger* in einem Atemzug mit den Großen in Europa genannt, wie *Harrods* in London oder den *Galeries Lafayette* in Paris. Die entsprechenden Marken führt das Unternehmen bereits, und die Verkaufsräume des Stuttgarter Kaufhauses sind dem Pariser Haus längst ebenbürtig. Mit *Harrods*, dem Kaufhaus der Kaufhäuser, verbindet *Breuninger* immerhin eine Sache ganz sicher: Nach ihm ist das schwäbische Nobelhaus das zweitgrößte Kaufhaus Europas, das sich in Privatbesitz befindet.

VON NEW YORK & NIMMERSATT

Unzählige Kinder kennen den kleinen, grünen Vielfraß: die **Kleine Raupe Nimmersatt**, und sie ist ein Stuttgarter. Der Kinderbuchautor Eric Carle wuchs in Stuttgart-Feuerbach auf. Von den kleinen krabbelnden und kriechenden Tieren war er schon als Kind begeistert. Sie zu zeichnen wurde früh ein Hobby des Jungen. Daher entschloss er sich einige Jahre später auch zu einem Studium an der *Akademie der bildenden Künste* auf dem Killesberg. Mit 23 Jahren zog es Carle jedoch in die USA. Dort fand er eine Anstellung als Werbegrafiker bei der *New York Times*. Sein Traumjob war dies jedoch nie. Er begann daher parallel mit dem Schreiben und Zeichnen von Kinderbüchern. Dabei erinnerte er sich vor allem an seine Kindheit in der schwäbischen Heimat und an seine Zeichnungen der kleinen Tiere. 1969 brachte ihm daher *The Very Hungry Caterpillar* – die kleine Raupe – den Durchbruch. Seinen Job als Werbegrafiker konnte er endlich aufgeben und sich nun ganz auf seine Kinderbücher konzentrieren. Der kleine Nimmersatt frisst sich auch heute noch durch die Kinderzimmer dieser Welt. Carles schwäbische Wurzeln hat man nie vergessen, und so wurde er zuletzt im Jahre 2010 mit dem Verdienstorden des Landes Baden-Württemberg ausgezeichnet.

WISSENSBLITZ

Bevor die **Paulinenbrücke** errichtet wurde, führte der sogenannte *Paulinen-Buckel* vom Rotebühlplatz kommend hinunter zur Hauptstätter Straße. Als die Paulinenstraße in den 1960er-Jahren jedoch Teil des City-Rings werden sollte, plante man den Bau einer 222 Meter langen Brücke. Die Autos sollten zukünftig, statt den steilen Buckel hinunter, auf einer nahezu ebenen Straße fahren können. Da auch der Österreichische Platz – für den Bau eines zweistöckigen Verkehrsknotenpunkts – um mehrere Meter angehoben wurde, hat man das Pendant zum Paulinen-Buckel einfach künstlich geschaffen.

VON KÖNIGIN & EHRUNG

Als Württemberg 1806 zum Königreich erhoben wurde, sollten in der Residenzstadt Straßen und Plätze fortan auch die Namen der Regenten tragen. Die Königstraße wurde zum Gedenken an die Erhebung zum Königreich benannt und ist keinem speziellen König gewidmet. Die Friedrichstraße, die Wilhelmstraßen, die Wilhelmsplätze, der Königsplatz und die König-Karl-Straße sind hingegen direkt nach drei der vier württembergischen Könige benannt. Mit der Katharinenstraße, dem **Katharinenplatz**, der Paulinenstraße und der Olgastraße wurden auch die Königinnen geehrt. Selbst der Charlottenplatz und der Marienplatz wurden nach ehemaligen Gattinnen der Kronprinzen und zukünftigen Könige benannt. Zu Königinnen wurden die beiden Damen jedoch nie. Durch die Sophienstraße und die Augustenstraße wurden zudem zwei Königstöchter in Straßennamen verewigt.

22

VON RADIO & DIDGERIDOO

In Stuttgart gibt es zahlreiche Orchester. Das älteste von ihnen ist das *Württembergische Staatsorchester*, das seinen Dienst primär an der Oper versieht. Es wurde bereits im 16. Jahrhundert als *Hofkapelle* gegründet und gehört heute zu den besten Orchestern Deutschlands. Mit den *Stuttgarter Philharmonikern* hat die Landeshauptstadt zudem ihr eigenes Orchester. Es wurde 1924 gegründet und hat seine Heimat in der **Philharmonie Gustav-Siegle-Haus** im Leonhardsviertel. Das *Radio-Sinfonieorchester* des SWR zählt ebenfalls zu den besten Klangkörpern der Republik. Es wurde 1945 beim damaligen Sender *Radio Stuttgart* gegründet. Unter den Liebhabern klassischer Musik haben sich auch Orchester wie das *Bach-Collegium*, das *Stuttgarter Kammerorchester*, das *Barockorchester Stuttgart* oder die *Stuttgarter Saloniker* einen Ruf erworben. Eines der jüngsten und wohl ungewöhnlichsten Instrumentalensembles ist das 2010 gegründete *Orchester der Kulturen*. Die Kombination von europäischen und internationalen Instrumenten soll die Vielfalt der Kulturen in einer globalisierten Welt widerspiegeln. Neben Klassikern wie Oboe, Bass und Klavier kommen hier auch Instrumente wie die indische Langhalslaute Sitar, das australische Didgeridoo oder die Kora – eine afrikanische Stegharfe – zum Einsatz.

VON ENGLAND & KAFFEEHAUS

Das einzige Gebäude am Schillerplatz, das nach dem Zweiten Weltkrieg nicht wiederaufgebaut wurde, war das Gasthaus **König von England**. 1712 eröffnete in einem einfachen Fachwerkgebäude das erste Kaffeehaus der Stadt. Stuttgart war damit die fünfte Stadt Deutschlands mit einem Kaffeehaus. 1798 wurde das Gebäude zu einem prächtigen Gasthaus aus- und umgebaut. Über ein halbes Jahrhundert war das Haus *König von England* das vornehmste Hotel der Stadt. Nach dem Zweiten Weltkrieg errichtete man an selber Stelle einen Büroneubau, der sich dezent der Umgebung anpassen sollte. Auch dieses Gebäude, das 1958 eingeweiht wurde, trägt seither den Namen *König von England*. Kaffeehäuser eröffneten und verschwanden seit dem 18. Jahrhundert zahlreiche in Stuttgart. Die ältesten noch existierenden Cafés der Stadt sind das 1902 eröffnete *Cafe Nast* in der Esslinger Straße im Bohnenviertel und das 1922 eingeweihte *Café Königsbau* direkt am Schlossplatz.

WISSENSBLITZ

Das Haus Liebenzeller Straße 11/1 in Bad Cannstatt steht versteckt in einem Hinterhof, umgeben von einer Backsteinmauer. Die Mauer hat einen triftigen Grund, denn das Gebäude war von 1889 bis 1964 ein **Gefängnis**. Trunkenbolde, Spieler und Prostituierte wurden hier inhaftiert. Nach dem Zweiten Weltkrieg zunächst als Frauengefängnis weitergeführt, saßen im Zuchthaus ab Ende der 1950er-Jahre nur noch Untersuchungshäftlinge ein. Die Zellen wurden 2007 schließlich zu Wohnräumen umgebaut. An seine Geschichte als Gefängnis erinnern hier und da noch immer Gitterstäbe vor den Fenstern.

25 €

WISSENSBLITZ

Was haben der Marktplatz, der **Wilhelmsplatz**, der Marienplatz, der Leonhardsplatz, der Karl-Benz-Platz und der Wiener Platz gemeinsam? Unter diesen sechs Plätzen befinden sich noch heute ausgediente Schutzbunker, die zwischen den Jahren 1940 und 1941, also zur Zeit des Zweiten Weltkriegs, erbaut wurden. Die Bunker unter dem Markt-, Marien- und Leonhardsplatz dienten nach dem Krieg für einige Jahre sogar als Hotels.

VON SCHWÄBISCH & TRAVESTIE

Stuttgarts bekanntester Travestiekünstler – **Frl. Wommy Wonder** – steht bereits seit 30 Jahren auf der Bühne. Der aus dem Oberschwäbischen stammende Michael Panzer schlüpft seit 1984 in die Rolle des Fräuleins mit dem frechen Mundwerk. Zunächst schloss Panzer jedoch sein Studium in katholischer Theologie und Germanistik ab, bevor er seine Karriere als Frl. Wommy Wonder startete. Von der Schwäbischen Alb führte ihr Weg sie weiter über Tübingen nach Stuttgart, wo sie seit 1995 eine feste Größe im Showprogramm ist. Frl. Wonder unterhielt ihr Publikum bereits im Renitenztheater, im Theaterhaus, im Friedrichsbau-Varieté und in der SpardaWelt. In ihren eigenen Kabarett-Shows schlüpft das Fräulein zudem in wechselnde Damenrollen und singt ihre eigenen Chansons. Neben breitem Schwäbisch sind vor allem die zahlreichen Kunststoffperücken ein Markenzeichen des Travestiekünstlers. Die Bekanntheit von Michael Panzers schillerndem Alter Ego hatten sich auch die Stuttgarter Straßenbahnen (SSB) zunutze gemacht und das Frl. Wommy Wonder als Werbefigur engagiert. Zahlreiche Engagements führen sie zudem auf Bühnen in der gesamten Republik. Da sich Wommy auch für den Stuttgarter Christopher Street Day engagiert, führte sie bereits häufiger durch das Programm der CSD-Gala.

26

VON RITTERN & VORSTÄDTEN

Eines der bekanntesten Stadtviertel der Stuttgarter City war einmal eine Spielwiese für Ritter. Bis Anfang des 19. Jahrhunderts – als Württemberg zum Königreich aufstieg – war die Residenzstadt in drei Stadtteile gegliedert. Der älteste Teil war die *Innere Stadt*, rund um den Schiller- und Marktplatz. Es folgte die sogenannte *Esslinger Vorstadt* – das heutige Bohnen- und Leonhardsviertel –, die ab Ende des 14. Jahrhunderts als erste Stadterweiterung angelegt wurde. Der dritte und flächengrößte Stadtteil entstand schließlich nördlich der Inneren Stadt – in etwa zwischen Schloss- und Kronprinzstraße. Hier befand sich zunächst ein großes freies Gelände, das ab Mitte des 15. Jahrhunderts als Turnierplatz für Ritterspiele genutzt wurde. Einige Jahrzehnte später begann man auch mit der Besiedlung dieses Areals, da in den ersten beiden Stadtteilen bereits großer Platzmangel herrschte. Diese neu geplante *Turnieracker-Vorstadt* zog wegen ihrer breiten Straßen und ihrer großzügigen Plätze vor allem wohlhabendere Bürger an. Im Stadtteil lebten Ende des 17. Jahrhunderts bereits so viele wohlhabende Hofbedienstete, Beamte und Kaufleute, dass man ihm den Namen *Reiche Vorstadt* gab. Im Zweiten Weltkrieg gingen hier nahezu alle Altbauten und ein Großteil der historischen Straßenstrukturen verloren. Lediglich im heute als **Hospitalviertel** bekannten Stadtteil ist diese historische Struktur noch erkennbar.

27

VON FEUER & WASSERTURM

Der **Bismarckturm** – hoch oben auf dem Kesselrand über der Stadt – ist eigentlich eine Bismarcksäule. Als der Entwurf des Architekten Wilhelm Kreis bei einem Wettbewerb der Deutschen Studentenschaft 1899 gewann, wurde das Bauwerk noch als Feuersäule bezeichnet. Genau diesen Zweck erfüllte der Turm ab 1904 dann auch. Dem 20 Meter hohen Bauwerk wurde eine quadratische Feuerschale aufgesetzt. Ein Gemisch aus Teer und Petroleum wurde stets zu Bismarcks Geburts- und Todestag sowie zum Reichsgründungstag entzündet. Eine Flamme bis zu fünf Meter hoch war dann weithin in der Region sichtbar. Türme zu Ehren des Reichskanzlers entstanden zuhauf im Deutschen Reich. Wilhelm Kreis' Modell *Götterdämmerung* wurde 47-mal umgesetzt. Jedoch bietet mit Sicherheit keiner dieser Türme einen so fantastischen Blick auf eine Großstadt. Daher ist der Bismarckturm auf dem Gähkopf – nach einer zeitweisen Umnutzung zum Wasserturm ab 1928 – heute einer der beliebtesten Aussichtspunkte der Stadt.

28

VON BRAND & AMERIKA

Das in Cannstatt florierende Geschäft mit den Badekurgästen sollte auch zum Örtchen Berg, mit seinen zahlreichen Mineralwasserquellen, ans andere Neckarufer herüberschwappen. So entschloss sich der Fabrikant Augustin Koch 1842 dazu, eine firmeneigene Quelle zum Betrieb einer Badeanstalt in Berg umzunutzen. Im Jahre 1851 besuchte auch die Familie Leuze das Mineralbad. Zwar hatte diese bereits beschlossen, Württemberg den Rücken zu kehren und ihr Glück in Amerika zu suchen, doch Frau Leuze plagte der Rheumatismus. Sie wollte diesen vor der Reise durch das Heilwasser lindern. Dies geschah dann auch so schnell und erfolgreich, dass ihr Gatte, Ludwig Leuze, die Auswanderungspläne über Bord warf und die gesamte Badeanstalt kurzerhand aufkaufte. Über vier Generationen blieb das Mineralbad in Familienbesitz der Leuzes. Selbst als das Bad bereits an die Stadt Stuttgart übergegangen war, blieb der vierte Leuze, mit Namen Ludwig, Pächter des Bades. Letztlich opferte dieser sogar sein Leben für das Familienunternehmen. Als durch die Luftangriffe 1944 auch das Mineralbad in Brand geriet, versuchte Ludwig Leuze, diesen mit aller Macht zu löschen. Dabei zog er sich so schwere Verbrennungen zu, dass er kurze Zeit später verstarb. Den Namen **LEUZE** behielt die Stadt für das beliebte Mineralbad auch nach Ludwigs Tode bei. 1983 erhielt das Bad schließlich sein heutiges Aussehen – mit dem markanten Anstrich und den Skulpturen des Künstlers Otto Herbert Hajek.

29

VON EUROPA & INNENSTADT

Das jüngste Innenstadtviertel Stuttgarts ist immer noch in der Entstehungsphase. An seiner Stelle befand sich ab den 1920er-Jahren der zentrale Güterbahnhof als Teil des Stuttgarter Hauptbahnhofs. Als der Güterbahnhof in den 1980er-Jahren schließlich aufgegeben wurde, lag das große Areal rund zwei Jahrzehnte lang brach. Erst 2004 wurden die ersten Baufelder des nun als **Europaviertel** bezeichneten Areals unter anderem mit einem Hochhaus bebaut. 2007 wurde das Europaviertel schließlich zu einem eigenen Stadtteil im Bezirk Mitte ernannt. Nach der Tieferlegung des Hauptbahnhofs und der Beseitigung der oberirdischen Bahngleise soll der Stadtteil in Richtung Schlossgarten weiter wachsen. Das wohl markanteste Gebäude – die würfelförmige Stadtbibliothek – eröffnete 2011 als zentrales Bauwerk des Europaviertels.

VON FALLBEIL & GERICHT

Im Stuttgarter Justizviertel teilen sich gleich mehrere Gerichte einen großen Gebäudekomplex. An der Urbanstraße – direkt gegenüber der Landesbibliothek – befindet sich ein siebenstöckiger Langbau. Hier ist das **Landgericht Stuttgart** untergebracht, dem elf Amtsgerichte untergeordnet sind. Schon in den 1870er-Jahren befand sich das Gericht an dieser Stelle. Im Innenhof des Gebäudes – im Stil des Historismus erbaut – wurden zur Zeit der Nationalsozialisten 450 Menschen durch das Fallbeil hingerichtet. Im Bombenhagel des Zweiten Weltkriegs wurde das alte Gerichtsgebäude komplett zerstört. Das heutige Gebäude entstand in den 1950er-Jahren. Auch das benachbarte Hochhaus stammt aus dieser Zeit. Hier war fortan das **Oberlandesgericht Stuttgart** untergebracht, das bis zur Zerstörung ebenfalls im Altbau beheimatet war. Sein Ursprung geht auf das *Württembergische Hofgericht* zurück, das 1460 erstmals urkundlich erwähnt wurde. In den 1980er-Jahren wurde das OLG um einen großen, grünen Neubau an der Olgastraße erweitert. Seither teilen sich das Oberlandesgericht und das Landgericht das Hochhaus. Dem OLG Stuttgart sind wiederum acht Landgerichte untergeordnet. Über ihm steht nur der Bundesgerichtshof. Auch das grüne Gebäude ist eine Gerichts-WG. Denn hier haben auch der Baden-Württembergische *Staatsgerichtshof* sowie der *Anwaltsgerichtshof* und der *Dienstgerichtshof* ihren Sitz.

Kurz und knallig!

So naheliegend, wie es klingt, ist es auch: Die **Planie** trägt ihren Namen, weil Herzog Carl Eugen Ende des 18. Jahrhunderts die letzten Gräben um das Alte Schloss auffüllen und die angrenzenden Gärten „planieren" ließ. So sollte eine direkte Verbindung durch eine breite Straße von der Altstadt zum Neuen Schloss entstehen. Von 1933 bis 1945 hieß die Planie Adolf-Hitler-Straße.

32

VON REICHSSTADT & LAGER

Wagenburgtunnel, Wagenburgstraße, Wagenburg-Gymnasium: Im Stuttgarter Osten kennt man sie. Aber was genau ist eigentlich diese namensgebende **Wagenburg**? Im 13. Jahrhundert war Stuttgart in ständig wechselndem Besitz. Zur Stadt ernannt wurde die Siedlung im Nesenbachtal 1219 – und zwar von den Markgrafen von Baden, in deren Besitz Stuttgart damals war. Rund 30 Jahre später kam Stuttgart durch die Heirat Graf Ulrichs I. mit einer Badenerin an Württemberg. Doch auch andere Regenten erhoben Anspruch auf die Stadt. Daher stand Rudolf von Habsburg, römisch-deutscher König, 1286 vor den Toren Stuttgarts, da er das württembergische Territorium als das seine ansah. Von der Bergkette aus, die den Stuttgarter Osten von der Innenstadt trennt, belagerte er die Stadt im Tal. Sein Lager hatte er etwa oberhalb des heutigen Eugensplatzes aufgeschlagen. Um sein Heer vor Angriffen zu schützen, wurden sämtliche mitgeführten Wagen aneinandergereiht, die dadurch eine Art Schutzwall bildeten: eine sogenannte *Wagenburg*. Das Ereignis liegt lange zurück, doch der Name hat sich bis heute hartnäckig gehalten. Jahre später – der Konflikt mit den deutschen Königen dauerte an – wurde auch Stuttgart besetzt. Da die Reichsstadt Esslingen seinerzeit den König gegen Württemberg unterstützte, stand Stuttgart von 1312 bis 1315 sogar unter Esslinger Verwaltung.

WISSENSBLITZ

Mit 70 Bäumen ist der **Magnolienhain** der **Wilhelma** der größte seiner Art in Deutschland und zudem einer der größten Europas. 15 Exemplare stammen noch aus der Zeit König Wilhelms I., der den Maurischen Garten anlegen ließ. Diese über 160 Jahre alten Magnolienbäume erkennt man an der Form ihrer Äste, die sich bis hinunter auf den Boden neigen. Die Blütenpracht der Magnolien – die etwa Ende März beginnt – gehört zu den Hauptattraktionen des botanischen Gartens.

VON EINSCHUSSLOCH & BRONZE

Als Statue hat man es nicht leicht. Man wird versetzt, zerstört, beschossen, eingeschmolzen oder gestohlen. Letzteres geschah mit der Figur der *Eva* auf der Uhlandshöhe. Die bronzene Dame stand dort seit den 1980er-Jahren, bis ihr das Material, aus dem sie bestand, zum Verhängnis wurde. In einer Sommernacht 2012 wurde die Eva von ihrem Sockel abgesägt und abtransportiert. Später fand man Teile der Statue in Polen wieder. Ihre 120 Kilo schweren Überreste fanden den Weg jedoch zurück nach Stuttgart und wurden vom Künstler neu gegossen.

Im selben Jahr ist die Göttin **Athene** gerade noch einmal mit einem blauen Auge davongekommen. Die steinerne Statue thront über einem Brunnen am Westhang der Karlshöhe und hält einen großen, bronzenen Schild in ihrer Hand. Diebe versuchten an dieses begehrte Metall zu gelangen – scheiterten jedoch. Der bereits gelockerte Schild wurde daraufhin vorsorglich eingelagert und durch eine Kopie aus Aluminium ersetzt.

Nicht bestohlen, aber beschossen wurde eine der bekanntesten Statuen der Stadt. Die über 150 Jahre alte Göttin Concordia – die hoch über dem Schlossplatz auf der Jubiläumssäule thront – hatte im Zweiten Weltkrieg einige Einschusslöcher erhalten. Auch ihr goldener Götter-Kollege Merkur, an der Alten Kanzlei, hatte sich zu dieser Zeit einige Kugeln eingefangen.

34

VON ABLEGERN & ROLLRASEN

Der **Stuttgarter Fernsehturm** von 1956 – Vorbild aller Fernsehtürme dieser Bauart – blieb nicht lange unkopiert. Als erster *Ableger* gilt der Fernsehturm Dequede in Osterburg (Sachsen-Anhalt), der 1959 in der damaligen DDR eingeweiht wurde. Selbst der mit 634 Metern höchste Fernsehturm der Welt – der *Tokyo Skytree* –, der erst 2012 eingeweiht wurde, gilt als direkter Ableger des Stuttgarter Originals. Der „Erste" wird selbst in der Fachwelt heute noch als „der schönste Fernsehturm der Welt" betrachtet. Da die Stuttgarter Version 1965 eine architektonische Innovation war, sollte er auf jeden Fall Teil des Stuttgart-Besuchs der britischen Königin Elisabeth II. werden. Für die Queen putzte sich die Landeshauptstadt natürlich heraus. Der Rasen vor dem Fernsehturm war jedoch alles andere als repräsentativ. So entschloss man sich, Rollrasen vor der Betonnadel auszulegen. Bei der Lagerung hatte aber auch dieser sehr gelitten, und so ging man zu Plan B über. Man sprühte den Rasen schließlich kurzerhand mit grüner Farbe an! So sollen sich Gäste, die das Spektakel vor dem Fernsehturm besuchten, später auch über grüne Flecken auf ihren Schuhen beklagt haben.

WISSENSBLITZ

Bevor in den 1560er-Jahren im Alten Schloss ein eigenes Gotteshaus eingeweiht wurde, war die **Stiftskirche** auch offizielle Hofkirche der Grafen und Herzöge von Württemberg. Schon 1534 wurde die Stiftskirche zum ersten protestantischen Gotteshaus im Herzogtum, und so startete die Reformation in ganz Württemberg ebenfalls von hier. Bis heute ist die Stuttgarter Stiftskirche die ranghöchste protestantische Kirche in Württemberg.

35

KURZ UND KNALLIG!

Im Zweiten Weltkrieg wurde der **Max-Eyth-See** leer gepumpt und mit Tarnnetzen überspannt, damit sich die alliierten Piloten bei Luftangriffen nicht an ihm orientieren konnten. Nach dem Krieg wurde auf dem nun frei liegenden Seegrund Gemüse angebaut. Bereits 1949 stand der Gemüsegarten nach einem Dammbruch jedoch wieder unter Wasser.

VON OPAION & ROM

Beim Entwurf des Innenraums der **Grabkapelle** auf dem Württemberg ließ sich Giovanni Salucci – der italienische Hofbaumeister König Wilhelms I. – vom Pantheon in Rom inspirieren. Der gänzlich in Weiß gehaltene runde Raum wird von einer Kassettenkuppel überspannt. Wie beim römischen Vorbild gibt es auch hier ein Opaion – ein rundes Oberlicht –, durch das Tageslicht ins Innere gelangt. Im Zentrum des Raums befindet sich eine Öffnung im Boden, die von einem Gusseisengitter überdeckt wird. Auf diesem Weg gelangt selbst in die Gruft unter dem Kapellenraum noch etwas Tageslicht. Aber nicht nur das Licht in der Grabkammer wird von der großen Kuppel beeinflusst, sondern auch die Akustik. Durch die gewölbte Decke ergibt sich in der Gruft, die ebenfalls eine niedrige gewölbte Decke hat, eine physikalische Besonderheit. Die gesamte Innenarchitektur des Gebäudes führt dazu, dass im Zentrum des unterirdischen Raums ein mehrfaches Echo zu hören ist. Jeder Ton scheint dem Besucher der Gruft von mehreren Seiten um die Ohren zu fliegen. Diese Besonderheit nutzen unter anderem Chöre, die hier Konzerte der ganz besonderen Art darbieten.

36

VON AUSLAND & REICH

Zur NS-Zeit erhielten verschiedene Städte einen sogenannten Ehrentitel. Stuttgart wurde 1936 zur „Stadt der Auslandsdeutschen" ernannt. Vor allem das bereits 1917 gegründete *Deutsche Auslands-Institut (DAI)* mit Sitz im *Haus des Deutschtums* – dem **Alten Waisenhaus** am Charlottenplatz – wurde hierfür zweckentfremdet. Das Institut wurde ursprünglich gegründet, um das Leben der sich im Ausland befindlichen deutschen Volksgruppen zu dokumentieren und auswanderwilligen Deutschen beratend zur Seite zu stehen. Nachdem die Nationalsozialisten an die Macht gekommen waren, wurde das Konzept des Instituts komplett umgekrempelt. Fortan lagen seine Aufgaben unter anderem darin, Kontakte zu Organisationen im Ausland, die als „volksdeutsch" galten, zu pflegen. Auch dafür, dass die NS-Propaganda die Auslandsdeutschen erreichte, war das DAI verantwortlich. Durch seine Vermittlerrolle arbeitete das Institut zudem eng mit der *Volksdeutschen Mittelstelle* zusammen, zu deren Aufgaben es gehörte, die im Ausland lebenden deutschen Volksgruppen „heim ins Reich" zu holen – also umzusiedeln. Nach dem Ende der NS-Zeit erhielt das Institut die Chance auf einen Neuanfang. Als **Institut für Auslandsbeziehungen** liegen seine Aufgaben unter anderem in der Förderung der Völkerverständigung und darin, für ein positives Auftreten Deutschlands im Ausland zu sorgen.

KURZ UND KNALLIG!

Das **Neue Schloss** trägt die Hausnummer 4. Eine kleine Zahl für das riesige Gebäude am Schlossplatz. Zu Herzogs- und Königszeiten ist das Schloss sicherlich ohne Nummer ausgekommen. Doch irgendwie muss die Post heute schließlich ins richtige „Haus" flattern. Der Fernsehturm hat die Hausnummer 120 (Jahnstraße), und selbst der Bismarckturm bekommt Post. Er trägt die Hausnummer 36 (Am Bismarckturm).

VON OBST & GEMÜSE

An den Ursprung des **Cannstatter Volksfests** als landwirtschaftliches Fest erinnert noch heute das Wahrzeichen des Wasens – die **Fruchtsäule**. Schon beim ersten Landwirtschaftsfest 1818 errichtete man auf dem Festgelände eine Säule, geschmückt mit Getreide, Obst und Gemüse. Diese kam fortan bei jedem landwirtschaftlichen Fest – bis zum Ersten Weltkrieg – zum Einsatz. Nach dem Ende der Monarchie wurde die Fruchtsäule für einige Jahre nicht wieder aufgestellt. Da sie ursprünglich von König Wilhelm I. gestiftet wurde und zudem in Königsblau bemalt war, betrachteten sie viele als ein Überbleibsel der alten Monarchie und als nicht mehr zeitgemäß. Rund zwei Jahrzehnte später sah man dies jedoch anders, und so wurde die Fruchtsäule zum Volksfest 1935 abermals aufgestellt, um damit an alte Traditionen anzuknüpfen. Die aktuelle Säule stammt aus dem Jahre 1972 und ist in Form, Umfang und Farbe dem historischen Vorbild nachempfunden. Unter ihrer hölzernen Hülle befindet sich eine Stahlkonstruktion. Die 26 Meter hohe und rund drei Tonnen schwere Fruchtsäule ist jedoch nicht der einzige Hinweis auf den landwirtschaftlichen Ursprung des Fests. Alle vier Jahre findet parallel zum Volksfest das *Landwirtschaftliche Hauptfest* auf dem Wasen statt – die größte Fachausstellung für Forst- und Landwirtschaft in Süddeutschland.

VON RENNEN & STRECKEN

Dass am Stadtrand Stuttgarts das weltweit größte Motorsportereignis stattfand, liegt schon einige Jahrzehnte zurück. Begonnen hatte alles mit einem Bergrennen für Motorräder, das auf einer vier Kilometer langen Strecke zwischen dem Westbahnhof und Schloss Solitude stattfand. Solche Motorradrennen sollte es fortan häufiger geben. Die Streckenführung wurde jedoch über die Jahrzehnte mehrmals geändert, bevor die endgültige Rundstrecke 1935 festgelegt wurde. Diese hatte eine Länge von 11,4 Kilometern und führte vom Glemseck über Frauenkreuz, Büsnau und Schattengrund sowie durch das Mahdental. Dort befindet sich noch heute der Start- und Zielturm. Auch Automobilrennen folgten vermehrt ab den 1950er-Jahren, als die Rennstrecke in der Breite ausgebaut wurde. Die **Solitude-Rennen** wurden zu einer der beliebtesten Veranstaltungen der Stuttgarter. Bis zu 330.000 Zuschauer tummelten sich bei den volksfestartigen Events. Anfang der 1960er-Jahre fanden auf der Strecke auch Formel-1-Rennen statt. Die letzte Startflagge für die Fahrer senkte sich schließlich 1965, da man nach einigen Unfällen aus Sicherheitsgründen auf weitere Rennen verzichtete. Die Rennstrecke wird jedoch zu besonderen Anlässen, wie dem 100-jährigen Jubiläum des Solitude-Rennens 2003, dem 125-jährigen Jubiläum des Automobils 2011 und dem *Solitude Revival* 2015 wiederbelebt.

WISSENSBLITZ

Das **Stuttgarter Sommerfest** fand als Abschluss-veranstaltung der Radweltmeisterschaften 1991 zum ersten Mal statt und sollte eine einmalige Veranstaltung bleiben. Das Fest mit den weißen Zelten hatte dem damaligen Ministerpräsidenten Erwin Teufel jedoch so gut gefallen, dass er die Landeshauptstadt darum bat, es zum 40-jährigen Landesjubiläum von Baden-Württemberg 1992 zu wiederholen. Seither lockt das überregional bekannte Fest über eine halbe Million Besucher jährlich auf den Schlossplatz und in den Oberen Schlossgarten.

38

39

VON ADEL & NEBENBUHLER

Um eine der schönsten Staffeln Stuttgarts rankt sich eine düstere Legende. Die **Sünderstaffel** – nahe dem Olgaeck – führt von der Alexanderstraße hinauf in Richtung Gänsheide. Die prächtige Treppenanlage ist zudem auch eines der ältesten Stäffele der Stadt. Schon 1304 wird an jener Stelle eine „gestäffelte Furch" erwähnt. Die Legende besagt, dass 1339 zwischen den beiden Adligen Hans Bernhard Rugger und Rudolf Werner von Weißenburg wegen eines Mädchens ein Streit ausbrach. Rugger soll schließlich seinen Nebenbuhler erstochen haben, woraufhin er zum Tode verurteilt wurde. Der Mörder soll um eine Hinrichtung bei der Staffel gebeten haben, da sein Vater dort die ersten Weinreben gepflanzt hatte. Die Bitte wurde Rugger gewährt, und so wurde er an der Weinbergtreppe enthauptet. Wer dieser Geschichte nicht viel abgewinnen kann, der mag die rationalere Version bevorzugen. Demnach gehörte ganz einfach einem gewissen Herrn Sünder ein Weingut an jener Treppenanlage. Welche Version auch immer stimmen mag, zwei gemeißelte Steine aus dem 16. Jahrhundert weisen noch heute auf ihren Namen hin. „Gott sey mir Sünder Gnedig" ist auf dem einen zu lesen, und auf Latein steht auf dem anderen gemeißelt: „Was die Gottlosen gerne wollen, das ist verloren."

VON SÄULI & GUINNESS

Im alten *Stuttgarter Schlachthof* muss heute keine Sau mehr ihr Leben lassen. Ganz im Gegenteil, das Schwein wird hier geehrt. Die Liebe zu diesem Tier veranlasste Erika Wilhelmer, 1989 in Bad Wimpfen ihr eigenes **Schweinemuseum** zu eröffnen. Alles rund um die grunzenden Gesellen war hier zu finden. Wilhelmers große Sammlung wuchs stetig weiter, bis ihr 1992 sogar das *Guinness-Buch der Rekorde* bescheinigte, das größte Schweinemuseum der Welt zu betreiben. Rund 20 Jahre nach dem Start des Museums waren schließlich größere Räumlichkeiten nötig. 2010 erfolgte daher der Umzug nach Stuttgart. Ironischerweise sollten die über 50.000 Exponate ausgerechnet im ehemaligen Schlachthof eine neue Heimat finden. Mit viel Liebe richtete Erika Wilhelmer die neue Bleibe der Schweine auf rund 600 Quadratmetern Fläche ein. Ob Plüsch, Gold, Holz, Porzellan oder Glas; es scheint keine Sau der Welt zu geben, die es nicht in einen der 28 Themen- und Sonderausstellungsräume im Schlachthof in Gaisburg geschafft hat. Ihre wahrlich *größte* Errungenschaft ist die ausgemusterte rosafarbene Säuli-Tram aus Basel. Da die Wilhelmers aber vor allem auch bekannte Gastronomen sind, lässt es sich im Schlachthof natürlich fürstlich speisen. Die Liebe zum Schwein geht eben durch den Magen. So sind hier freilich auch Schweinshaxe und Spanferkel auf der Karte zu finden.

VON FLASCHEN & KONKURRENZ

Stuttgart hat das zweitgrößte Mineralwasservorkommen Europas. Da drängt sich die Frage auf: Warum ist in den Supermarktregalen kein Stuttgarter **Mineralwasser** zu finden? Die Antwort ist ganz simpel: Die Konkurrenz ist einfach zu groß. Doch es gab bereits Mineralwasser aus Stuttgart in den Geschäften zu kaufen. 1934 wurde damit begonnen, das gesunde Wasser aus zwei Quellen hinter dem Kursaal im Bezirk Bad Cannstatt in Flaschen abzufüllen. 65.000 der bis zu 1,5 Liter fassenden Flaschen wurden im ersten Jahr bereits verkauft. Fünf Jahre später waren es bereits über vier Millionen. Hierfür wurde unweit der Quellen eigens eine Abfüllanlage erbaut. Neben dem *Wilhelmssprudel* brachte die Stadt schon 1937 unter dem Namen *Oranade* eine eigene Orangenlimonade auf dem Markt. Nach dem Zweiten Weltkrieg wurde zudem die beliebte Marke *Schwabensprudel* eingeführt. Das Kuramt ließ die Abfüllanlage in den 1950er-Jahren weiter ausbauen, um stündlich bis zu 8.000 Flaschen befüllen zu können. Doch die beengten Platzverhältnisse am Rande des Kurparks, verunreinigtes Wasser durch die Industrie und zu guter Letzt die große Konkurrenz durch zahlreiche andere Mineralwassermarken machten den Vertrieb des Cannstatter Wassers immer unwirtschaftlicher. 1987 gingen daher die letzten Mineralwasserflaschen aus Stuttgart über die Ladentheke.

VON RUNDUNGEN & FREUDE

Der **Käfer** ist ein Stuttgarter! Anfang der 1930er-Jahre entwarf Ferdinand Porsche den Plan für einen Kleinwagen. Ausgerechnet der neue Reichskanzler Adolf Hitler wünschte sich ein solches Automobil für jedermann. So ging 1934 der Auftrag an Porsche, ein großserienfähiges Fahrzeug zu konstruieren. In der Garage seiner Villa – am Feuerbacher Weg auf dem Killesberg – wurden Porsches Pläne schließlich in die Tat umgesetzt. Zwei Jahre später rollten die ersten drei fertigen Wagen des Modells „Kraft durch Freude" aus seiner Garage. Das außergewöhnliche Fahrzeug mit seinen vielen Rundungen hatte alle Testfahrten erfolgreich bestanden und sollte somit in Serie gehen. Bei Wolfsburg wurde eigens für die Fertigung des KdF-Wagens das Volkswagenwerk gegründet. Doch bevor Porsches Automobil dort in Serie produziert werden konnte, wurde das Werk kurzerhand für den Bau von Militärfahrzeugen umgenutzt. Erst nach dem Zweiten Weltkrieg konnte der kleine Porsche unter dem neuen Namen *Käfer* endlich in großem Stil produziert werden. Zwischen 1945 und 2003 – als der letzte Käfer vom Band rollte – wurden 21,5 Millionen Exemplare des „Kugel-Porsches" produziert. Er liegt noch heute bei den meistverkauften Automobilen der Welt auf Rang zwei.

KURZ UND KNALLIG!

Der **Flughafen Stuttgart** befindet sich auf der Gemarkung von fünf Städten. Da wundert es nicht, dass man in Leinfelden-Echterdingen in das Flugzeug einsteigt, über Stuttgart zur Startbahn rollt, um dann in Filderstadt abzuheben. Zu Neuhausen und Ostfildern gehören dann immerhin noch ein paar Quadratmeter Grünfläche.

41

KURZ UND KNALLIG!

Im Alten Schloss gibt es seit dem 16. Jahrhundert eine sogenannte **Reittreppe**. Über diese Treppe mit ihren langen, flachen Stufen war es möglich, auf dem Pferd bis in die oberen Stockwerke des Schlosses zu reiten, wo sich unter anderem der Rittersaal und die Wohnräume des Herzogs befanden.

VON GRENZEN & GEMEINDEN

Jahrhundertelang bestand Stuttgart lediglich aus der mittelalterlichen Altstadt und den direkt an die Stadtmauer angrenzenden Vorstädten. Erst ab Mitte des 19. Jahrhunderts dehnte sich das Stadtgebiet enorm aus. Lange bevor man von einer „Eingemeindung" sprach, verleibte sich die königliche Hauptstadt auf ihrem Expansionskurs kleinere Dörfer und Gemeinden ein. Den Anfang machte hier das Örtchen Berg am Neckar, das bereits 1836 zu Stuttgart gehören sollte. Gablenerg und Heslach folgten 1860. Mit Gaisburg war 1901 schließlich die Ausdehnung des heute als *Innenstadtbezirke* bezeichneten Gebiets abgeschlossen. Anfang des 20. Jahrhunderts kamen dann die ersten größeren angrenzenden Städte an Stuttgart. Mit **Cannstatt** sollte 1905 ein Zusammenschluss erfolgen, der respektvoll als „Vereinigung" bezeichnet wurde. Fakt ist jedoch, dass auch die alte Stadt am Neckar fortan Teil der Stadt Stuttgart war. Drei Jahre später folgte mit Degerloch das erste Gebiet auf den Fildern. Auch in den 1920er- und 1930er- Jahren wurden viele Eingemeindungen vorgenommen. 1942 gingen mit zahlreichen Filder-Gemeinden und Stammheim die letzten Gebiete an Stuttgart. Seither haben sich die Grenzen des Stuttgarter Stadtgebiets nicht mehr verändert.

WISSENSBLITZ

Die letzte **Pferdedroschke** beförderte im Sommer 1929 Fahrgäste durch Stuttgart. Schon über 30 Jahre zuvor trat das erste motorisierte Taxi der Welt seinen Dienst auf den Straßen der Stadt an. Es löste nach und nach die weit langsameren Pferdekutschen ab. Der größte Droschken-Halteplatz befand sich damals unweit des Schlossplatzes in der Bolzstraße beim alten Centralbahnhof. Vor dem Gebäude der alten Hauptpost – wo sich heute die Königsbau-Passagen befinden – reihten sich zahlreiche Pferdekutschen aneinander.

VON TROCKENTOILETTE & RÖHRE

Durchschnittlich schleppen sich rund 50.000 Fahrzeuge täglich durch den **Heslacher Tunnel** im Süden. Ausgelegt war dieser jedoch nur für 35.000 Fahrzeuge. Noch bis 1991 schob sich die Blechlawine durch den engen Stadtteil Heslach. Nach elfjähriger Bauzeit konnte die B 14 dann schließlich durch den neuen Tunnel am Marienplatz geleitet werden. Lange Zeit stand dessen Bau jedoch auf der Kippe. Nur mit knapper Mehrheit wurde im Gemeinderat dem 2,3 Kilometer langen Tunnelbau zugestimmt. Der Bund wollte sich nur unter einer Bedingung an der Finanzierung beteiligen: Der Tunnel musste zusätzlich als Schutzraum für rund 5.000 Menschen geplant werden. Aus diesem Grund befinden sich nach dem Tunnelportal am Marienplatz und bei der Abfahrt zur Karl-Kloß-Straße großes Tore, durch die man im Notfall die Röhre hermetisch abriegeln kann. Daher wurde beim Tunnelbau auch an Wasserleitungen und an Trockentoiletten gedacht. Der Heslacher Tunnel ist somit der letzte gebaute Schutzraum Stuttgarts. Geplant war, zunächst zwei Röhren durch den Berg zu graben. Doch wie staugeplagte Autofahrer wissen, ist es bis heute bei einer Röhre geblieben.

VON VILLA & GRABSTEIN

Der **Bergfriedhof** im Osten der Stadt ist schon mehrmals umgezogen. Der erste Friedhof mit diesem Namen befand sich direkt im Dörfchen Berg, auf einem Hügel im Hof der gleichnamigen Kirche. Da dort nur wenig Platz vorhanden war, verlegte man den Gottesacker 1825 ein paar Hundert Meter weiter den Hügel hinauf, auf ein damals unbebautes Gelände. Hier wurden unter anderem der Gründer des Mineralbades Berg – Friedrich Neuner –, die Familie Leuze und der Maschinenfabrikant Gotthilf Kuhn beigesetzt. Zwanzig Jahre später gab Kronprinz Karl den Bau seines Landhauses in Auftrag, das nun mit seiner Parkanlage direkt an den Bergfriedhof angrenzen sollte. Doch die Villa Berg war nicht der Grund, weshalb auch dieses Gräberfeld 1884 schlagartig geschlossen werden musste. Man sorgte sich vielmehr um die tiefer liegenden Mineralwasserquellen. Sie sollten nicht durch das Grundwasser unter dem Friedhof verunreinigt werden. Der dritte Standort des Friedhofs sollte daher an der Hackstraße angelegt werden – außerhalb von Berg. Fernab aller bekannten Mineralwasserquellen und der damaligen Wohngebiete. Viele Grabsteine, wie der von Neuner und der der Leuzes, übersiedelten ebenfalls. Noch heute stehen 15 Grabsteine am Rande des Parks der Villa Berg – teils verfallen und überwuchert – und erinnern an die Reise des Bergfriedhofs.

45

KURZ UND KNALLIG!

Beim Aus- und Umbau des Alten Schlosses im 16. Jahrhundert wurde 1562 auch eine eigene kleine Kirche eingeweiht. Nach der Reformation war diese **Schlosskirche** der erste protestantische Kirchenneubau Württembergs. Der Innenraum, wie er heute noch besteht, wurde 1806 im neugotischen Stil umgestaltet. Zu dieser Zeit richtete man auch eine Gruft unter der Kirche ein, in der später König Karl, seine Gattin, Königin Olga und deren Adoptivtochter Wera ihre letzte Ruhe finden sollten.

46

VON ARMEE & VORBILDERN

Die **Villa Gemmingen** ist eine der prächtigsten Villen in Stuttgart, aber aufgrund ihrer Lage weniger bekannt. Das Gebäude befindet sich am südlichen Hang der Karlshöhe und steht, umgeben von einem großen Privatgarten, nicht direkt an der Straße. Daher kann man nur Teile der Villa sehen und ihre Pracht erahnen. Der Industrielle Gustav Siegle ließ dieses stattliche Anwesen für seine jüngste Tochter Dora erbauen. Ihren Namen bekam die Villa schließlich von Friedrich Freiherr von Gemmingen-Hornberg, dem Gatten Doras. Siegle wählte für die Villa den vereinfachten Baustil eines spätbarocken Lustschlosses, für den auch Schloss Solitude ein Vorbild war. Dieser Bezug fällt vor allem beim Kuppeldach des Mittelbaus auf. Die Villa Gemmingen selbst diente ebenfalls als Vorbild für ein weiteres prächtiges Gebäude in der Stadt: Der nur wenig später fertiggestellten Villa Reitzenstein – dem heutigen Sitz des Staatsministeriums – ist die Verwandtschaft eindeutig anzusehen. Von der Zerstörung im Zweiten Weltkrieg verschont geblieben, hat die Villa Gemmingen eine wechselhafte Karriere hinter sich. Zunächst kamen dort Kommandos der französischen und der US-Armee unter, gefolgt von der Bundeswehr und dem Stuttgarter Polizeipräsidium. Ab den 1950er-Jahren war die Villa für Jahrzehnte Sitz des Landesdenkmalamts und befindet sich seit 2000 wieder in Privatbesitz.

47

WISSENSBLITZ

Die Einweihung der **Brenzkirche** auf dem Killesberg stand unter keinem guten Stern. Das modern gestaltete Gebäude wurde nämlich im Jahre 1933 eingeweiht – dem Jahr, in dem die Nationalsozialisten an die Macht kamen. Der „volksfremde" Kirchenbau war ihnen ein Dorn im Auge. Der Stil des *Neuen Bauens* störte nach Ansicht der NS-Politiker „das deutsche Empfinden" und musste daher umgebaut werden. Die Flachdächer wurden 1939 durch Satteldächer ersetzt. Die großen Fenster wurden gegen Sprossenfenster ausgetauscht, und die runde Wand zur Straße hin hatte man abreißen und durch eine „ordentliche" rechtwinklige Ecke ersetzen lassen.

48

VON BANK & MÄDCHEN

Den Namen Königin Katharinas findet man noch häufig in der Stadt. Dabei lebte die russische Zarentochter lediglich drei Jahre am württembergischen Hof. Katharina und Kronprinz Friedrich Wilhelm von Württemberg heirateten im Januar 1816 in Sankt Petersburg. Im Oktober desselben Jahres verstarb König Friedrich, der Vater Friedrich Wilhelms. Dieser wurde somit als Wilhelm I. zum neuen König von Württemberg und Katharina zu seiner Königin. Vor allem für die einfachen Bürger setzte sich Katharina mit großer Hingabe ein. Sie gründete einige wohltätige Institutionen, die noch heute existieren. So wurde beispielsweise auf Anordnung Katharinas eine Bank für Kleinsparer gegründet – die *Württembergische Sparkasse*. Als *Landesbank Baden-Württemberg (LBBW)* gehört diese heute zu den größten Landesbanken Deutschlands. Um auch Mädchen, die nicht aus adeligem Hause stammten, eine höhere Schulbildung ermöglichen zu können, gründete die Königin eine eigene Schule. Katharina selbst entschied über den Lehrplan, die Ausstattung und die Schulkleidung. Das **Königin-Katharina-Stift** existiert als Gymnasium noch heute an der Schillerstraße. Auch die Idee, für die bedürftigen Bürger ein Lazarett errichten zu lassen, stammte von der Königin. Der Grundstein für dieses Lazarett konnte jedoch erst ein Jahr nach dem frühen Tode Katharinas im Januar 1819 gelegt werden. Das auf ihren Namen getaufte *Katharinenhospital* konnte 1828 schließlich eingeweiht werden.

VON GRABLEGE & GRUFT

Die **Stiftskirche** ist nicht nur Gotteshaus, sondern auch Grabstätte. Bis zum Beginn des 14. Jahrhunderts befand sich die Stammburg der Grafen von Württemberg auf dem nahen Rotenberg. Ihre Grablege – mit den zuvor verstorbenen Grafen – befand sich in Beutelsbach. Burg und Grablege wurden durch Kriegskonflikte schließlich zerstört. Daher machten die Württemberger ab 1317 Stuttgart zu ihrer Residenzstadt. Wenig später überführte man auch die Beutelsbacher Grablege in den bis dahin einzigen Stuttgarter Kirchenbau und erhob diesen zur Stiftskirche. In einer Gruft unter dem Chor sollten fortan alle Grafen beigesetzt werden. Über die Jahrhunderte musste diese bis unter die Sakristei erweitert werden. Bis ins 19. Jahrhundert sammelten sich hier 66 Särge an. 40 weitere Personen liegen zudem in einem Sammelbehältnis. Elf der Grafen in direkter Nachfolge – von Ulrich I. bis Heinrich von Mömpelgard – liegen nicht nur in der Gruft der Stiftskirche begraben, sie wurden auch in einer steinernen Ahnengalerie verewigt, die sich im Chorraum befindet. Der wohl bekannteste „Gast" der Gruft war Königin Katharina. Nach ihrem Tod lag sie hier rund fünf Jahre, bis sie, nach der Fertigstellung ihrer Grabkapelle auf dem Württemberg, für die die Stammburg weichen musste, dorthin überführt wurde.

VON SCHUTZRAUM & OST

Der **Wagenburgtunnel** – der die Stuttgarter City mit dem Osten der Stadt verbindet – war bei seiner Einweihung 1958 mit 824 Metern der längste Straßentunnel Deutschlands. Geplant war diese Verbindung bereits in den 1920er-Jahren, doch fehlte damals das Geld für ein so großes Bauprojekt. Als es in den 1940er-Jahren auch für die Stadt Stuttgart zur Pflicht wurde, ausreichend Schutzräume für ihre Bürger zu schaffen, schlug man schließlich zwei Fliegen mit einer Klappe. Ab 1941 begann man damit, zwei Röhren für den Autotunnel durch den Berg zu graben, der zudem als Schutzraum für rund 15.000 Menschen dienen sollte. Als die Stadt im Zweiten Weltkrieg mehrmals bombardiert wurde, war der Wagenburgtunnel jedoch noch längst nicht fertiggestellt. Aus Kostengründen und um den Bezirk Ost nicht noch stärker mit Verkehr zu belasten, entschied man nach Kriegsende, lediglich eine der beiden Röhren zu beenden. Durch diese Südröhre sollte dann 1958 schließlich das erste Auto rollen. Die unfertige Nordröhre wurde später zum Fluchtweg für den benachbarten Autotunnel ausgebaut. Der bereits fertiggestellte Abschnitt auf der Innenstadtseite diente für viele Jahre dem Club „Die Röhre" als Veranstaltungsort. Zukünftig wird dieser Teil der Nordröhre jedoch als Rettungszufahrt für die darunter verlaufenden Eisenbahntunnel benötigt.

VON VOLKSLIED & ULM

Es wird wohl kaum einen Schwaben geben, der das alte Volkslied „Auf de Schwäb'sche Eisenbahne" nicht kennt. Das Lied stammt aus jener Zeit, als die ersten Dampflokomotiven durch Württemberg fuhren. Der erste Zug der *Königlichen Württembergischen Staats-Eisenbahnen* zuckelte 1845 von **Cannstatt** nach Untertürkheim. Mit ganzen 24 Stundenkilometern fuhren die Züge durch das Neckartal. Erst ein Jahr später konnte der Centralbahnhof im Stuttgarter Talkessel eingeweiht werden, da es die hügelige Topografie nicht gerade einfach machte, die Residenzstadt an das Schienennetz anzubinden. Man spielte zunächst sogar mit dem Gedanken, den zentralen württembergischen Bahnhof im flachen Neckartal anzusiedeln und Stuttgart nur mit einer kleineren Stichbahn anzubinden. Das war für die Residenz natürlich nicht hinnehmbar. Ein Tunnel unter dem Rosensteinpark machte dann auch die Verlängerung der Strecke von Cannstatt nach Stuttgart möglich. Ab 1850 konnten die Schwaben schließlich auch die im Lied besungene Strecke „Stuegert, Ulm ond Biberach" per Eisenbahn zurücklegen.

51

KURZ UND KNALLIG!

Stuttgart ist nach Hamburg und Berlin der drittgrößte Musical-Standort in Deutschland. Die beiden Musical-Theater im **SI-Centrum** gehören ebenfalls zu den größten im deutschsprachigen Raum. Die Stücke *Miss Saigon*, *Die Schöne und das Biest*, *Tanz der Vampire*, *42nd Street*, *Wicked – Die Hexen von Oz* und *Rebecca* hatten in Stuttgart ihre Deutschlandpremiere.

52

WISSENSBLITZ

Auch in Stuttgart kann man seit über 90 Jahren die Sterne beobachten. Der Verein *Schwäbische Sternwarte* ließ hierfür 1922 auf der Uhlandshöhe eine eigene **Sternwarte** erbauen. Ehrenamtliche Vereinsmitglieder erklären der interessierten Bevölkerung seither den Nachthimmel. Von 1940 bis 1944 wurde die Sternwarte jedoch von den Nationalsozialisten zweckentfremdet. Man ließ die Kuppel vom Turm entfernen und ersetzte das Teleskop gegen eine Flugabwehrkanone. Bereits zwei Jahre nach Kriegsende war die Sternwarte jedoch wieder Teil des kulturellen Lebens der Stadt.

53

VON STAFFEL & BIER

„Wir wollen WULLE!" Ernst Imanuel Wulle kam aus einfachen Verhältnissen nach Stuttgart und absolvierte hier eine Lehre zum Bierbrauer. Er heiratete die wohlhabende Wilhelmine Stotz und konnte so mit seinem Wissen und ihrem Geld 1859 eine eigene Brauerei gründen, welche an der Neckarstraße – der heutigen Willy-Brandt-Straße – entstehen sollte. Nach Startproblemen im von Wein und Most dominierten Stuttgart hatte sich die Marke *Wulle* etabliert und expandierte bis in die 1920er-Jahre kräftig. Brauereien in Zuffenhausen, Vaihingen, Möhringen, Mühlacker und Esslingen wurden übernommen, bis 1971 die *Aktienbrauerei Wulle* selbst einen neuen Eigentümer erhalten sollte. Die ebenfalls bekannte Brauerei *Dinkelacker* kaufte die AG auf und nahm die Marke *Wulle* schließlich vom Markt. Das alte Brauereigebäude wurde abgerissen. So erinnern nur noch die **Wullestaffel** und der **Wullesteg** an die Geschichte des Unternehmens an jener Stelle, wo sich heute das Hotel *Le Meridien* und Landesministerien befinden. Ein Comeback erlebte das *Wulle*-Bier jedoch 2008, als *Dinkelacker* beschloss, die beliebte Biermarke wieder auf den Markt zu bringen.

54

WISSENSBLITZ

Den meisten Stuttgartern ist der Name **Stöckach** wohl bekannt. Aber woher stammt der Name? Als das Gebiet des heutigen Stadtteils Stöckach noch weit vor den Toren der Stadt lag, gab es hier bis zum 14. Jahrhundert einen Wald. Durch Brandrodung wurde eine Weidefläche geschaffen. Die abgebrannten Baumstümpfe – *Stöcke* genannt – blieben lange Zeit sichtbar vorhanden. Es wird angenommen, dass sich der Name von diesen Stöcken herleitet.

KURZ UND KNALLIG!

Die geografische Mitte der Landeshauptstadt befindet sich am Rotebühlplatz. Dies wurde 2009 durch das Stadtmessungsamt errechnet. Da der exakte Mittelpunkt an einer Säule in der U- und S-Bahn-Passage liegt, findet man einen Hinweis zu dieser kleinen „Attraktion" rund 15 Meter weiter am Treppenaufgang zur Calwer Passage. Auf dem Calwer Platz sind auf einer **Bodenplatte** die genauen Koordinaten der Stadtmitte vermerkt.

55

100 JAHRE
SCHWÄBISCHER HEIMATBUND e.V.
1909 — 2009

GEOGRAFISCHER MITTELPUNKT DER
LANDESHAUPTSTADT STUTTGART
ERMITTELT VOM
STADTMESSUNGSAMT STUTTGART

GESTIFTET VON DER STADTGRUPPE STUTTGART
DES SCHWÄBISCHEN HEIMATBUNDS e.V.
UND DEM VERSCHÖNERUNGSVEREIN STUTTGART e.V.

VON TIERGARTEN & DOGGEN

Lange vor der Wilhelma hatte Stuttgart bereits vier Tiergärten. Nachdem der Königliche Zoo Anfang des 19. Jahrhunderts nur wenige Jahre bestand, wurde 55 Jahre später auch der private Tierpark von Gustav Werner an der Sophienstraße aufgelöst. Der dritte Zoo – der bekannteste und größte – befand sich im Norden der Stadt. Der Zimmermeister Johannes Nill stellte auf seinem Betriebsgelände zwischen Azenberg- und Wiederholdstraße zunächst einige heimische Tiere aus. Aufgrund ihrer Beliebtheit entwickelte sich die Ausstellung in den 1870er-Jahren schließlich zu einem privaten Zoo mit über 500 Tieren auf rund eineinhalb Fußballfelder großen Areal. An einem Sonntag kamen in den **Nill'schen Tiergarten** bis zu 20.000 Besucher, um die Affen, Elefanten, Zebras, Giraffen und Schlangen zu sehen. Zur Zeit der Industrialisierung wuchs die Stadt immer näher an den Tiergarten heran, und die Anwohner beklagten sich über den Lärm und den Gestank, was 1906 zur Schließung des Tiergartens führte. Einige Tiere aus Nills Zoo zogen auf die Feuerbacher Heide um. Dort hatte sich aus einer ehemaligen Doggen-Züchterei das Ausflugslokal *Zur Doggenburg* entwickelt. So eröffnete schließlich der Nill den Tierpark *an der Doggenburg* als weiterer kleiner Zoo, der dann dort bis 1942 ein Besuchermagnet war.

VON STALLUNGEN & UNTERSCHLUPF

Wo „schlafen" eigentlich die Stadtbahnen? Das tun sie primär in den drei Betriebshöfen, die sich in Heslach, in Remseck und bei der SSB-Zentrale in Möhringen befinden. Früher lagen die Depots wesentlich zentraler. Nach den beiden Betriebshöfen in den Innenstadtbezirken Ost und West folgte Ende des 19. Jahrhunderts ein dritter am Marienplatz im Süden. Letzterer war ein richtiger Prachtbau und prägte lange das Gesicht des Platzes. Wegen seiner Türmchen und Erker nannten die Stuttgarter das Bauwerk liebevoll *die Burg*. Dieser Betriebshof wurde noch für die von Pferden gezogenen Straßenbahnen geplant. Ihm waren daher auch Stallungen angegliedert. Straßenbahnen fanden noch bis in die 1960er-Jahre Unterschlupf in *der Burg*, bis neue Depots außerhalb des Zentrums eingeweiht wurden. Lediglich die Hauptverwaltung der *Stuttgarter Straßenbahnen* verblieb noch bis in die 1970er-Jahre am Marienplatz, bis ein Neubau in Möhringen bezogen und der alte Betriebshof komplett aufgegeben wurde. Eine Zeit lang nutzte die nahe gelegene Brauerei Dinkelacker die Wagenhallen als Lagerstätte. 1990 kam jedoch das Ende für das Depot. Da es die direkte Zufahrt zum geplanten Heslacher Tunnel versperrte, wurde es schließlich abgerissen. An seiner Stelle befinden sich heute einige Fahrspuren der B 14 und der Hotel-, Büro- und Wohnkomplex *Südtor*. Übrig geblieben vom Depot im Süden ist lediglich ein kleines **Türmchen**, das man noch heute über dem Heslacher Tunnel an der Liststraße findet.

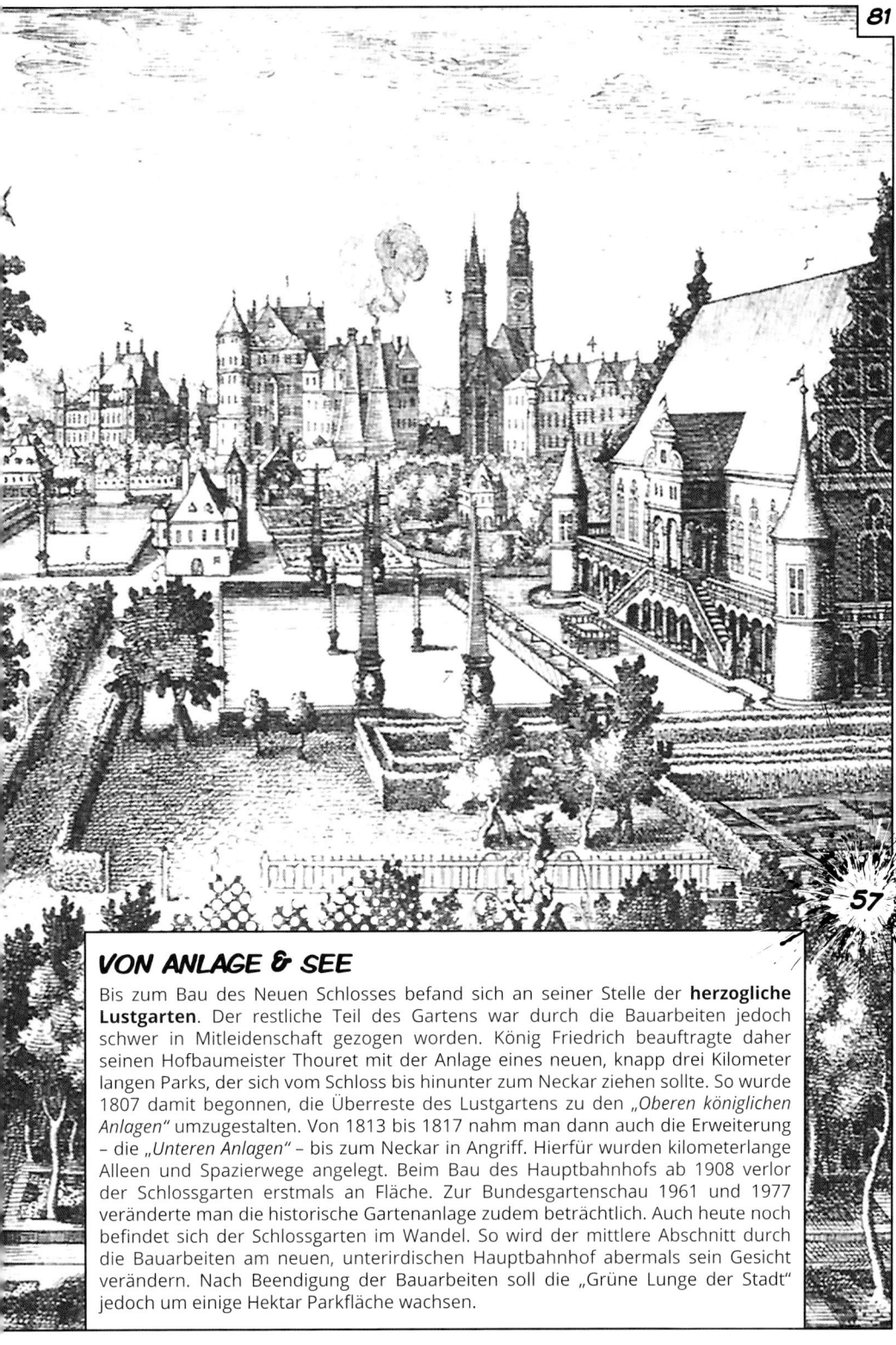

57

VON ANLAGE & SEE

Bis zum Bau des Neuen Schlosses befand sich an seiner Stelle der **herzogliche Lustgarten**. Der restliche Teil des Gartens war durch die Bauarbeiten jedoch schwer in Mitleidenschaft gezogen worden. König Friedrich beauftragte daher seinen Hofbaumeister Thouret mit der Anlage eines neuen, knapp drei Kilometer langen Parks, der sich vom Schloss bis hinunter zum Neckar ziehen sollte. So wurde 1807 damit begonnen, die Überreste des Lustgartens zu den *„Oberen königlichen Anlagen"* umzugestalten. Von 1813 bis 1817 nahm man dann auch die Erweiterung – die *„Unteren Anlagen"* – bis zum Neckar in Angriff. Hierfür wurden kilometerlange Alleen und Spazierwege angelegt. Beim Bau des Hauptbahnhofs ab 1908 verlor der Schlossgarten erstmals an Fläche. Zur Bundesgartenschau 1961 und 1977 veränderte man die historische Gartenanlage zudem beträchtlich. Auch heute noch befindet sich der Schlossgarten im Wandel. So wird der mittlere Abschnitt durch die Bauarbeiten am neuen, unterirdischen Hauptbahnhof abermals sein Gesicht verändern. Nach Beendigung der Bauarbeiten soll die „Grüne Lunge der Stadt" jedoch um einige Hektar Parkfläche wachsen.

WISSENSBLITZ

Der *dicke Friedrich* war der erste König von Württemberg. Im Jahre 1811 leitete er in der ganzen Stadt eine Straßennamenreform ein. Dabei verschwanden alle *Gassen*, die schließlich in *Straßen* umbenannt wurden. Gleichzeitig verewigte der König auch seine Familie in den neuen Straßennamen. So ist seither die Marienstraße nach seiner Schwester, die **Dorotheenstraße** nach seiner Mutter, die Karlstraße nach seinem Onkel und die Charlottenstraße nach seiner Schwiegertochter benannt.

KURZ UND KNALLIG!

Die **Bernhartshöhe** am Autobahnkreuz Stuttgart ist der höchste Punkt der Landeshauptstadt. Der Berg erlangte jedoch erst in den 1970er-Jahren seine heutige Höhe von 549 Metern über Normalnull. Wie der Birkenkopf – der Monte Scherbelino – durch den Schutt von Kriegstrümmern aus der Innenstadt künstlich aufgeschüttet wurde, so erlangte die **Bernhartshöhe** durch das Aushubmaterial beim Bau der S- und U-Bahn seine heutige Höhe.

58

VON ZIRKUS & BAHNHOF

Der **Marienplatz** ist nach dem Schlossplatz der zweitgrößte Platz im Stuttgarter Talkessel. In seiner rund 140-jährigen Geschichte hat sich sein Aussehen häufig geändert. Das markanteste Bauwerk auf dem westlichen Teil des Platzes – heute dem Bereich vor dem Ibis Hotel – war ab den 1890er-Jahren ein Zirkus. Bis zu 3.500 Zuschauer besuchten in dem Rundbau neben klassischen Zirkusvorstellungen auch viele Feste wie etwa die Maifeiern. Rund 45 Jahre später – der Zirkus war längst wieder verschwunden – wurde der große Platz abermals bebaut. An der Endhaltestelle der Zahnradbahn entstand in den 1930er-Jahren ein kleines Bahnhofsgebäude samt Zeitungskiosk. Eine wuchtige Betonrampe, über die die Zahnradbahn einfuhr, dominierte zudem den Platz. Zur Zeit des Zweiten Weltkrieges wurde unter dem Marienplatz ein Schutzbunker angelegt, der noch heute existiert und als Probenraum für Musikgruppen dient. Am Westende des Platzes befindet sich der Eingang zum Bunker, und unter einem großen Gitter im Bodenbelag beim Zahnradbahn-Halt befindet sich der Notausgang. In den Nachkriegsjahren verwilderte der Marienplatz, und man beschloss daher, ihn bis 2003 zu *entrümpeln* und gänzlich umzugestalten. Seither wirkt der Platz noch weiter, nüchterner und wurde daher von den Anwohnern zunächst als sehr trostlos empfunden. Längst haben die Menschen im Süden den neuen Marienplatz für sich erobert, und so gehört er heute zu den belebtesten und beliebtesten Plätzen Stuttgarts.

VON ZÜNDUNG & BOSCH

Die beiden Stuttgarter Tüftler Robert Bosch und Gottlieb Daimler konnten sich nicht ausstehen! Als sie sich kennenlernten, verjagte Daimler den jüngeren Bosch sogar von seinem Grundstück in Cannstatt. Eine Kooperation der Unternehmer gab es – obwohl naheliegend – daher nicht. Erst ein Großkunde Daimlers – der österreichische Kaufmann Emil Jellinek – sollte dies ändern. Der Autonarr war einer der wichtigsten Großkunden der *Daimler-Motoren-Gesellschaft* und veranstaltete zudem schon Ende des 19. Jahrhunderts Autorennen. Hierfür benötigte er natürlich die leistungsfähigsten Motoren. Die beste Zündung stellte seinerzeit jedoch nicht Daimler, sondern die kleine Firma Robert Boschs her. Emil Jellinek setzte Daimler daher derart unter Druck, dass diesem kaum eine andere Wahl blieb, als die Zündungen Boschs in seine Automobile einzubauen. Jellinek hatte sogar so großen Einfluss auf den Cannstatter Autobauer, dass im Jahre 1900 zum ersten Mal ein Automobil den Namen seiner Tochter tragen sollte: Mercédès.

59

KURZ UND KNALLIG!

Im Zentrum des Bezirks Feuerbach fallen die vielen österreichischen Straßennamen auf. Die Namen der Bundesländer Wien - mit dem **Wiener Platz** -, Steiermark, Kärnten, Burgenland und Salzburg sind hier ebenso zu finden wie die der Landeshauptstädte Graz, Sankt-Pölten, Klagenfurt, Linz und Eisenstadt. All diese Straßenzüge bekamen ihre Namen im Jahre 1938. In dem Jahr, in dem sich Österreich dem Deutschen Reich anschloss.

FERDINAND GRAF
VON
ZEPPELIN

GEB. 8. JULI 1838
GEST. 8. MÄRZ 1917

DEIN GLAUBE
HAT DIR GEHOLFEN

60

WISSENSBLITZ

1801 verlieh Stuttgart zum ersten Mal das Ehrenbürgerrecht. 46 Personen wurde diese Ehre bis heute zuteil. Zu ihnen zählen **Ferdinand Graf von Zeppelin** – der auf dem Pragfriedhof beigesetzt wurde –, Otto Fürst von Bismarck, Richard von Weizsäcker und Manfred Rommel. Zuletzt wurde 2012 der ehemalige Oberbürgermeister Wolfgang Schuster zum Ehrenbürger Stuttgarts ernannt. Nur zwei Personen wurde das Ehrenbürgerrecht wieder entzogen: 1946 Adolf Hitler und erst 2010 dem Reichspräsidenten Paul von Hindenburg.

61

VON MOMO & GESPENST

Das kleine Gespenst, *Der kleine Wassermann* und *Die kleine Hexe* sind alle „kleine" Stuttgarter. Ebenso *Der Räuber Hotzenplotz*. Die bekannten Kinderbuchfiguren des Autors Otfried Preußler erscheinen seit den 1950er- und 1960er-Jahren im **Thienemann Verlag** in der Blumenstraße am Olgaeck. Auch Preußlers *Krabat* sollte später zum Thienemann-Repertoire gehören. Die berühmte *Unendliche Geschichte* von Michael Ende hatte ihre Premiere ebenfalls im Stuttgarter Kinderbuchverlag. Doch auch vor diesem Bestseller war Michael Ende bei Thienemann kein Unbekannter. Sein Kinderbuchklassiker *Momo* erschien hier bereits 1973, und noch früher – in den 1960ern – *Jim Knopf und Lukas der Lokomotivführer*. Der Kinderbuchverlag wurde bereits 1849 von Karl Thienemann gegründet und hat seither einigen Wandel in seiner Firmenstruktur erlebt. Erst 2014 fusionierten die Stuttgarter mit dem *Esslinger Verlag* zur *Thienemann-Esslinger Verlag GmbH* mit Hauptsitz in der Blumenstraße. Zu Thienemann-Esslinger gehören auch die übernommenen Verlage *Edition Erdmann* in Lenningen und der Wiener *Gabriel Verlag*.

VON NIKOLAUS & OLGÄLE

Zu den traditionellen Aufgaben einer Königin von Württemberg gehörte es auch, sich sozial zu engagieren. Dies war bei Königin Olga – der Gattin König Karls – nicht anders. Bereits seit den 1840er-Jahren existierte ein Kinderkrankenhaus in der Stadt. Dieses unterstützte Olga schon bald nach ihrer Ankunft in Stuttgart und sorgte später für einen angemessenen Neubau. *Olgahospital* sollte das Krankenhaus fortan heißen. Den meisten Stuttgartern ist es jedoch als *Olgäle* bekannt. Durch die Unterstützung der Königin entstand zudem eine „Blindenanstalt". Menschen mit Sehbehinderungen sollten hier in jeder Lebenslage Hilfe erhalten. Diese *Nikolauspflege* – benannt nach Olgas Vater Zar Nikolaus I. – gehört heute zu den größten Einrichtungen dieser Art in Deutschland. Auch an Projekte ihrer Vorgängerinnen knüpfte Olga an. Da die bereits bestehende Mädchenschule – das *Königin-Katharina-Stift* – aus allen Nähten platzte, stiftete Königin Olga ein weiteres Schulgebäude an der Johannesstraße im Stuttgarter Westen. Am *Königin-Olga-Stift* Gymnasium werden noch heute Schüler unterrichtet. Auch eine Krankenpflegeschule in Heilbronn wurde von der Königin unterstützt. Die Schwestern der Einrichtung – die sich selbst *Olgaschwestern* nannten – gründeten 1894 im Stuttgarter Osten ein Krankenhaus mit integrierter Pflegeschule. Zu Ehren des kurz zuvor verstorbenen Königspaares sollte es den Namen **Karl-Olga-Krankenhaus** erhalten.

WISSENSBLITZ

63

Kirchenneubauten waren zur Zeit des Nationalsozialismus eher eine Seltenheit. In Stuttgart wurde 1937 die **Martinskirche** am Pragfriedhof eingeweiht. Das Besondere an diesem Gotteshaus: Die Bauherren wurden bereits bei der Planung dazu verpflichtet, das Kellergeschoss als Schutzraum zu gestalten und ihn für rund 1.000 Menschen zur Verfügung zu stellen. Sie wird daher oft auch als *Bunkerkirche* bezeichnet.

64

WISSENSBLITZ

Hoch über dem Pragsattel, umgeben von Weinbergen, thront das Stuttgarter **Polizeipräsidium**. Dass der lange Gebäuderiegel einmal einem anderen Zweck diente, sieht man ihm an. Der Bau wurde 1940 eingeweiht und beherbergte damals das Robert-Bosch-Krankenhaus. Doch schon Ende der 1960er-Jahre wurde es zu eng im Hospital, und so zog man nach und nach einige Hundert Meter weiter in einen Neubau auf den Burgholzhof. Das Polizeipräsidium hat seinen Sitz seit 1978 im alten Krankenhaus. Seit 2015 beherbergt das Gebäude zudem das *Polizeimuseum Stuttgart*.

VON KUTSCHE & LUFTSCHIFF

Die Karosserie für Daimlers erstes Automobil kam aus dem **Bohnenviertel** in der Stuttgarter Altstadt. Der Wagenbauer Wilhelm Wimpff hatte sich dort ab Mitte des 19. Jahrhunderts mit seiner Werkstatt in der Rosenstraße angesiedelt. Im Jahre 1886 besuchte Gottlieb Daimler seine Werkstatt und orderte bei ihm eine Kutsche, die er nach Cannstatt geliefert bekommen wollte. Wimpff ahnte damals nicht, dass seine Kutsche in die Geschichte eingehen sollte. Gottlieb Daimler baute sie zu einer Motorkutsche um und machte sie damit zum ersten vierrädrigen Automobil der Welt. Mit seinen noblen Kutschen war *Wilhelm Wimpff & Söhne* sogar königlicher Hoflieferant für Wilhelm I. und lieferte auch an die *Luftschiffbau Zeppelin GmbH* und an Robert Bosch. Die letzte Kutsche verließ in den 1950er-Jahren das Bohnenviertel.

65

66

VON SDR & SWR

1924 wurde mit der *Süddeutsche Rundfunk AG* (SÜRAG) Stuttgarts erster Radiosender gegründet. Zur NS-Zeit wurde dieser jedoch in *Reichssender Stuttgart* umbenannt und somit ein Teil des *Großdeutschen Rundfunks*, der 1945 eingestellt wurde. Gleich nach Ende des Krieges gründeten die amerikanischen Besatzer den neuen Sender *Radio Stuttgart*. Doch bereits vier Jahre später sollte dieser den altbekannten Namen *Süddeutscher Rundfunk* zurückerhalten. Kurz darauf war der SDR auch eines der Gründungsmitglieder der ARD. Das heutige Land Baden-Württemberg war nach dem Krieg in zwei Besatzungszonen aufgeteilt. Der SDR, mit Sitz in Stuttgart, war für den Radioempfang im nördlichen, amerikanischen Bereich verantwortlich. In der südlichen Besatzungszone der Franzosen erfüllte diese Aufgabe der *Südwestfunk* (SWF). Auch nach Gründung des Bundeslandes Baden-Württemberg 1952 wurden beide Sender weitergeführt, und standen über Jahrzehnte in direkter Konkurrenz zueinander. Baden-Württemberg war somit das einzige Bundesland, in dem zwei Landesrundfunkanstalten existierten. Erst 1998 wurde dieser Zustand durch die Fusion der beiden Sender beendet. Der SDR und der SWF sollten fortan als **Südwestrundfunk** (SWR) für das Fernseh- und Radioprogramm in ganz Baden-Württemberg und in Rheinland-Pfalz verantwortlich sein. Der SWR – mit den drei Hauptsitzen in Stuttgart, Baden-Baden und Mainz – ist heute die zweitgrößte Rundfunkanstalt der ARD.

67

VON UMZUG & UMLAND

Die **Straßenbahnwelt Stuttgart** befindet sich seit 2009 im Cannstatter NeckarPark. In einem denkmalgeschützten Straßenbahndepot von 1929 wird die rund 150-jährige Geschichte des Transportmittels in Stuttgart und dem Umland präsentiert. Neben der technischen Entwicklung vom Pferdewagen bis zum letzten elektrisch betriebenen Straßenbahnmodell gibt es im Backsteindepot auch Bahnen alter, nicht mehr existierender Straßenbahnbetriebe zu sehen. Wagen der *Filderbahn-Gesellschaft*, der *Feuerbacher Straßenbahn* und der – von der SSB betriebenen – *Eßlinger Städtischen Straßenbahn* können hier bewundert werden. Das erste Straßenbahnmuseum befand sich ab 1989 noch außerhalb des Stadtgebiets im benachbarten Gerlingen, bis ein Umzug nach Zuffenhausen anstand. Bis zur Eröffnung der Straßenbahnwelt war Interessierten die Sammlung lediglich an wenigen Tagen im Monat zugänglich.

VON UNESCO & DOPPELHAUS

Elf von 21 Gebäuden der berühmten **Weißenhofsiedlung** von 1927 haben den Zweiten Weltkrieg und die Abrisswut der Nachkriegszeit überdauert. Zwar wurde die gesamte Siedlung bereits 1958 unter Denkmalschutz gestellt, die teils stark veränderten Gebäude wurden jedoch erst in den 1980er-Jahren größtenteils rekonstruiert. Die gesamte Siedlung gehört dem Bund, der die „für Bundeszwecke entbehrlichen Liegenschaften" einzeln verkaufen wollte. Die Stadt Stuttgart drängte jedoch darauf, die Siedlung zumindest als Ganzes zu veräußern. Zudem erwarb die Stadt 2002 das Doppelhaus des Stararchitekten Le Corbusier, um dort vier Jahre später das **Weissenhofmuseum** zu eröffnen. In der linken Hälfte des Doppelhauses wird anhand von Modellen, Bildern und Schriftstücken die Geschichte der Siedlung – beginnend mit dem Architekturprojekt *Die Wohnung* – erzählt. In der rechten Haushälfte wurden die bunten Wohnräume komplett rekonstruiert und dienen mit ihren bunten Schiebewänden und den Betten in Einbauschränken als „begehbares Exponat". 2008 hatte Frankreich erstmalig versucht, dass 22 Gebäude Le Corbusiers als einheitliche *UNESCO-Welterbestätte* anerkannt werden. Darunter befinden sich auch das Weissenhofmuseum und ein benachbartes Gebäude. Bis heute wurden die Bauwerke Le Corbusiers vom Welterbekomitee jedoch nicht berücksichtigt. Es wäre die erste Welterbestätte Stuttgarts.

VON VESPER & BÄNKEN

Die erste **Vesperkirche** Deutschlands fand vor 20 Jahren in der Stuttgarter **Leonhardskirche** statt. Der Pfarrer Martin Friz war der Meinung, dass es in einer wohlhabenden Stadt wie Stuttgart möglich sein müsste, obdachlosen Menschen, Junkies und Prostituierten in der kältesten und trübsten Jahreszeit Hilfe anzubieten. Daher wurde im Januar 1995 die evangelische Leonhardskirche in eine Sozialeinrichtung umgewandelt. Dieses Konzept sollte fortan jährlich für je sieben Wochen wiederholt werden – von Januar bis März. Ein Drittel der Kirchenbänke wird hierfür entfernt, um Platz für Tische zu schaffen. An diesen werden mittags warme Mahlzeiten ausgegeben, und als Abendbrot gibt es ein „Vesper" mit auf den Weg. Die Obdachlosen werden in der Leonhardskirche zudem ärztlich und zahnärztlich versorgt. Auch ihre Vierbeiner werden untersucht. Selbst Frisöre bieten ihre Dienste an, und ein musikalisches Kulturprogramm rundet das Angebot ab. Auf den verbleibenden Bänken können sich die Besucher schlafen legen. Bis zu 800 Menschen nehmen diese Angebote täglich in Anspruch. Zahlreiche Spender und ein Heer von ehrenamtlichen Helfern machen die Vesperkirche Jahr für Jahr aufs Neue möglich. Das soziale Hilfsprojekt der Stuttgarter Vesperkirche übernahmen nach und nach viele weitere Kirchengemeinden in der gesamten Bundesrepublik.

70

WISSENSBLITZ

Bei Micha Ullmans Werk **Abendstern** (1996) könnte man meinen, die Kunst liege darin, es überhaupt zu finden. Das „Miniment", wie er es selbst nennt, besteht aus einer halbrunden Fräsung in einer Bodenplatte an der Ecke Stauffenberg- und Bolzstraße – in direkter Nachbarschaft zum Kunstgebäude. Bei Sonnenschein wird das zwei Zentimeter tiefe und vier Zentimeter breite Kunstwerk durch das Schattenspiel zu einer Art Sonnenuhr. Bei Regen soll sich darin der ganze Himmel widerspiegeln. Die Kernaussage des Kunstwerks: Das große Ganze findet sich im Kleinen wieder, und der leere Raum wird plötzlich sinnvoll.

71

WISSENSBLITZ

Nur ein maurisches Gebäude in der Wilhelma hat den Zweiten Weltkrieg nahezu unbeschadet überstanden. Die **Damaszenerhalle** bildet den unteren Abschluss des Gebäudeensembles. In den ursprünglichen Plänen des Architekten war diese Halle jedoch nicht zu finden. Doch der Bauherr – König Wilhelm I. – wünschte sich ein kleines Stallgebäude, in dem er Rebhühner halten konnte. In der Damaszenerhalle kann man noch heute die einst so prächtige Innenarchitektur der historischen Gebäude bewundern. Zudem beherbergt sie eine Ausstellung zur Geschichte der Wilhelma.

72

VON GLAS & STAHL

Schon 1985 wurde im Stuttgarter Stadtbezirk Wangen in einer ehemaligen Glasfabrik – umgeben von Kneipen und Prostitution – das Theaterhaus eröffnet. Es sollte die erste Alternative zu den großen und alteingesessenen Spielstätten in der Stadt werden. Neben Theatervorführungen fanden in den Räumlichkeiten auch Lesungen, Auftritte von Comedy-Künstlern und Konzerte statt. Das Konzept ging auf, und das Wangener Fabrikhaus wurde schließlich zu klein. Von der Glasfabrik zog man dann in die Stahlfabrik. Die denkmalgeschützten *Rheinstahlhallen* – nahe dem Pragsattel im Norden der Stadt – wurden zum neuen **Theaterhaus** umgebaut. Seit 2003 begeistern nun auf vier regulär bespielten Bühnen im neuen Gebäude sowohl unbekanntere als auch die ganz großen Künstler ihr Publikum. Mit einem Budget von fast acht Millionen Euro und über 300.000 Besuchern jährlich, die an rund 1.000 Veranstaltungen teilnehmen, gehört das Theaterhaus Stuttgart heute zu den größten und bedeutendsten kulturellen Zentren in Europa.

VON ROOSEVELT & PLÜSCH

Die Idee zum weltberühmten **Teddybär** entstand in Stuttgart. Richard Steiff – der Neffe der Spielwarenherstellerin Margarete Steiff – absolvierte die Kunstgewerbeschule in Stuttgart. Immer wieder besuchte er in dieser Zeit den nahe gelegenen *Nill'schen Tiergarten*, einen Privatzoo im Westen. Richard Steiff saß dort meist vor dem Braunbärengehege und zeichnete die Tiere. Diese Zeichnungen gelten als direkte Vorlage für den ersten **Steiff Bären**, der 1903 auf der Leipziger Spielwarenmesse vorgestellt wurde. Der Prototyp-Bär trug den Namen *55 PB* (55 cm/Plüsch/Beweglich). Um seine Karriere zum berühmtesten Bären der Welt ranken sich mehrere Legenden. In der amerikanischen Version erfand den heutigen Plüschbär freilich ein Amerikaner. In der deutschen Geschichte fand der *55 PB* seinen Weg in die Auslage eines amerikanischen Spielwarenladens. Ein Sekretär Theodore „Teddy" Roosevelts erwarb den Plüschbären, der ein Geschenk an Roosevelts Tochter werden sollte. Diese war begeistert vom Steiff Bären und nannte ihn nach ihrem Vater Teddy. Daraufhin wurde das Maskottchen des Präsidenten tausendfach bei der Firma Steiff bestellt. Den Nill'schen Tiergarten gibt es leider seit 1906 nicht mehr, den Teddybär von Richard Steiff dafür in vielen Varianten noch heute.

73

VON VORHOF & KUNST

Die Stuttgarter Staatsgalerie zählt zu den bedeutendsten Kunstmuseen Deutschlands. König Wilhelm I. ließ bis 1843 das *Museum der bildenden Künste* erbauen. Neben seiner Funktion als Kunstmuseum diente das klassizistische Gebäude zudem als Heimat der königlichen Kunstschule. Der ursprünglich dreiflügelige Bau musste bereits nach 40 Jahren zum ersten Mal erweitert werden. Nach der Machtergreifung der Nationalsozialisten beschlagnahmten diese viele Werke des Museums, die in ihren Augen als „entartete Kunst" galten. Im Zweiten Weltkrieg wurden zudem viele weitere Kunstwerke zerstört, ebenso wie das Gebäude selbst. Erst im Jahre 1958 konnten die neuen Ausstellungsräume im alten Museumsbau wiedereröffnet werden. Wegen des Erwerbs vieler weiterer Gemälde musste der Altbau in den 1980er-Jahren um die Neue Staatsgalerie – im Stil der Postmoderne entworfen vom Stararchitekt James Stirling – erweitert werden. Die Sammlung der Staatsgalerie umfasst heute über 5.000 Gemälde und Plastiken vom ausklingenden Mittelalter bis zur modernen Kunst sowie weitere rund 400.000 Werke aus der international bedeutenden grafischen Sammlung. Im Vorhof der **Alten Staatsgalerie** erinnert ein Reiterstandbild König Wilhelms I. an den Gründer und Bauherrn des Kunstmuseums.

74

VON ZINN & TEDDYBÄR

Es ist ein weiter Weg von der Produktion von Feuerwehrspritzen bis zum Verkauf von Teddybären. Seit 1803 war die Familie Kurtz in Stuttgart als Spritzenfabrikanten tätig. Der junge Karl Wilhelm Kurtz eröffnete 30 Jahre später in der Kirchstraße, nahe dem Marktplatz, eine Zinnwarenhandlung. Vor allem Geschirr und Kirchenbedarf aus Zinn wurden hier hergestellt. Taufschalen, Taufkannen, Abendmahlgeräte und Opferteller gingen über seine Ladentheke, und so findet man noch heute in vielen Kirchen Deutschlands seine Produkte. Später übernahm sein Sohn Hermann das Geschäft, welches sich bis zum Ende des 19. Jahrhunderts mehr und mehr auf die Produktion und den Vertrieb von Zinnfiguren verlagerte. Dies führte schließlich dazu, dass im 20. Jahrhundert das gesamte Sortiment aus Spielwaren bestand. Jahrzehntelang befand sich **Spielwaren Kurtz** direkt am Marktplatz. Das Unternehmen entwickelte sich zum führenden Spielwarenhändler der Stadt und wurde so über die Grenzen Stuttgarts hinaus bekannt. Noch heute befindet sich das Spielwarengeschäft im Herzen der Stadt, in der Sporerstraße gegenüber der Markthalle. Bis 1997 blieb das Unternehmen im Besitz der Familie Kurtz, bis es schließlich Teil der Vedes-Gruppe wurde.

„Super-Originale!"

STUTTGARTER SUPERHELDEN

Georg Wilhelm Friedrich Hegel
Philosoph
Geboren am 27.08.1770 in Stuttgart.

„Super-Reigschmeckte!"

Richard von Weizsäcker
Ehemaliger Bundespräsident
Geboren am 15.04.1920 im Neuen Schloss in Stuttgart.

Friedrich Schiller
Dichter & Philosoph
Lebte 1773 bis 1782 in Stuttgart. Hier studierte er Medizin und verfasste sein Drama *Die Räuber*.

Joachim „Blacky" Fuchsberger
Schauspieler
Geboren am 11.03.1927 in Stuttgart-Zuffenhausen.

Eduard Mörike
Lyriker & Erzähler
Lebte und wirkte zwischen 1817 und 1875 immer wieder in Stuttgart, wo er auch verstarb.

Roland Emmerich
Regisseur
Geboren am 10.11.1955 in Stuttgart.

Natalia Wörner
Schauspielerin
Geboren am 07.09.1967 in Stuttgart.

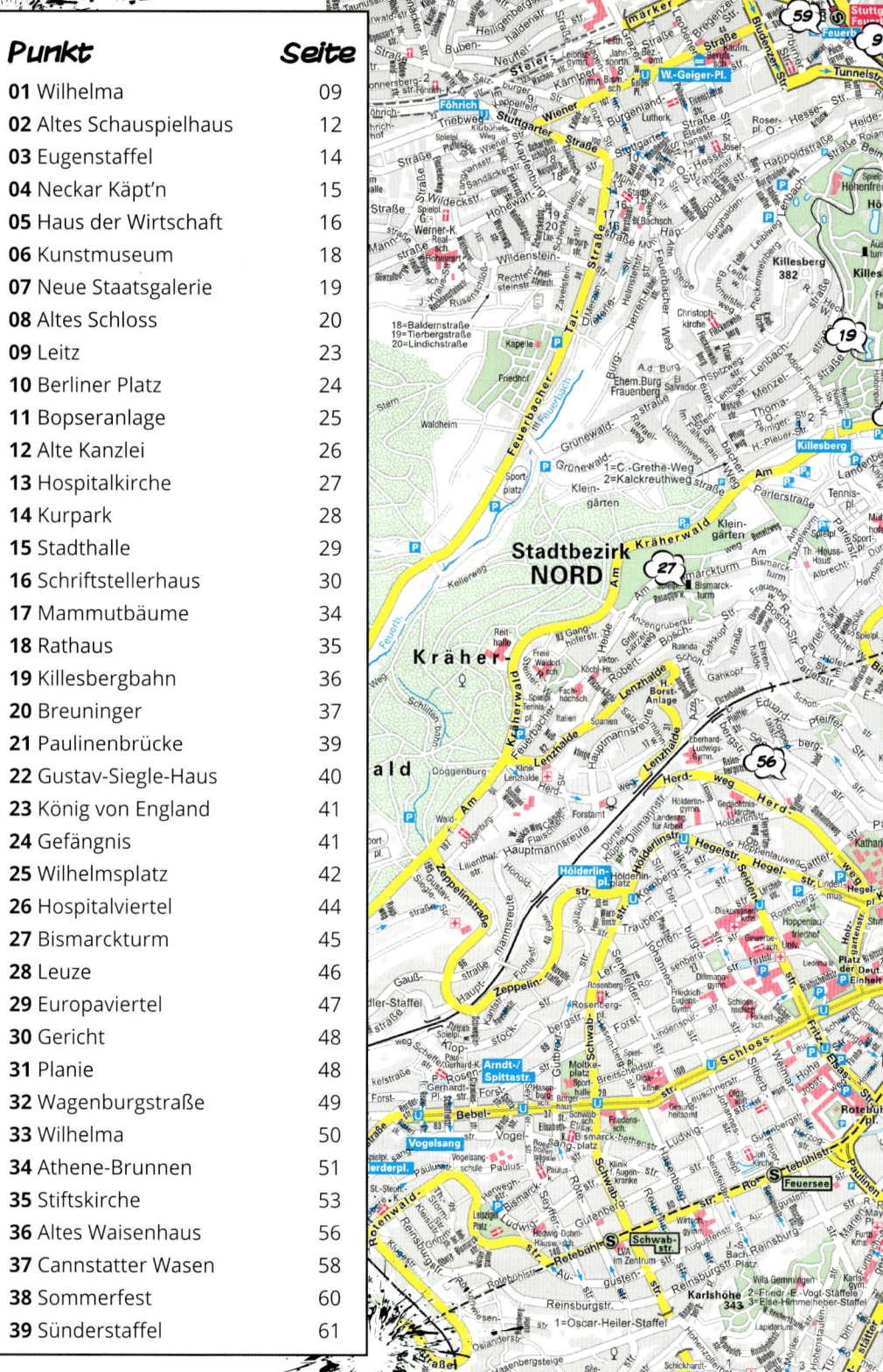

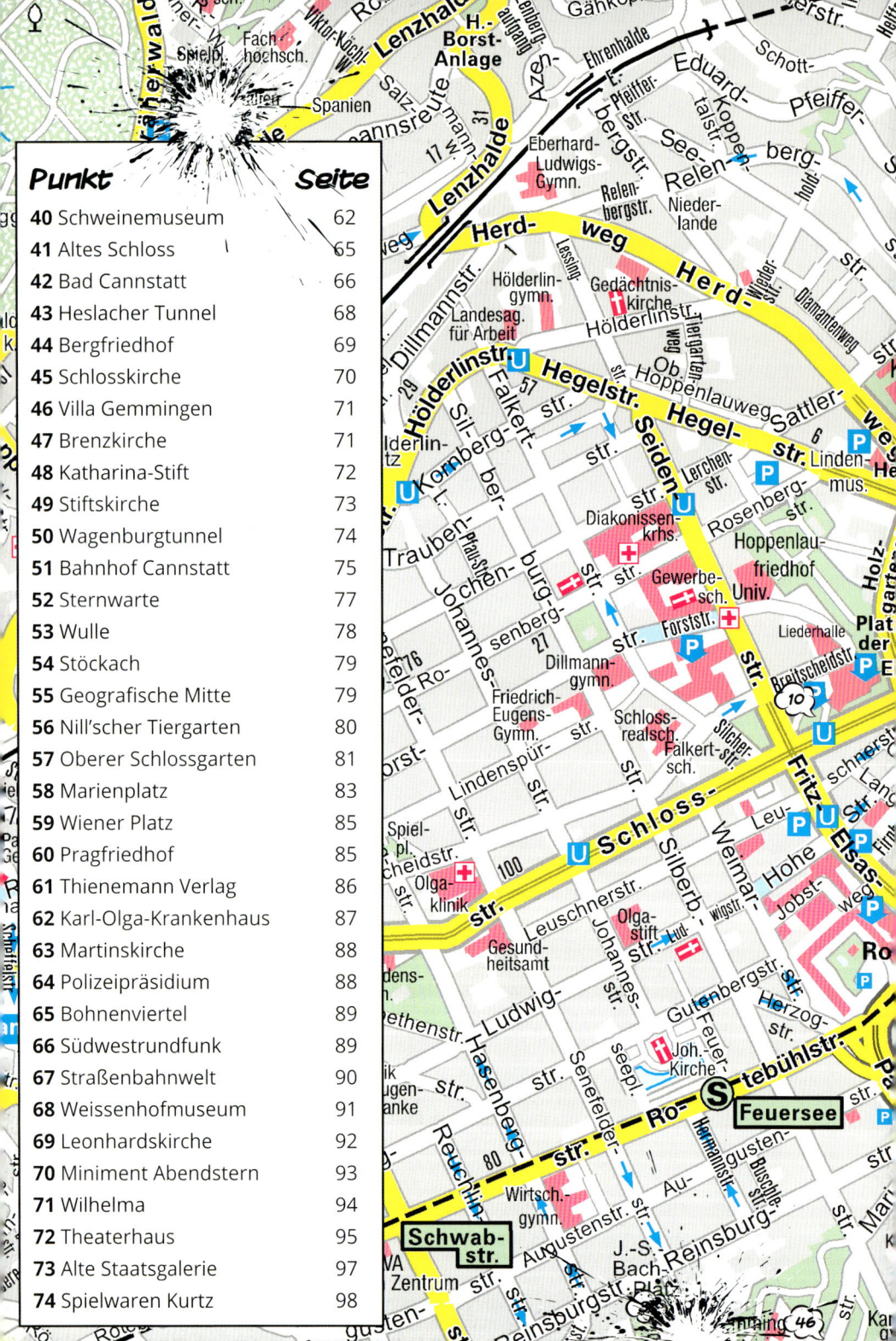

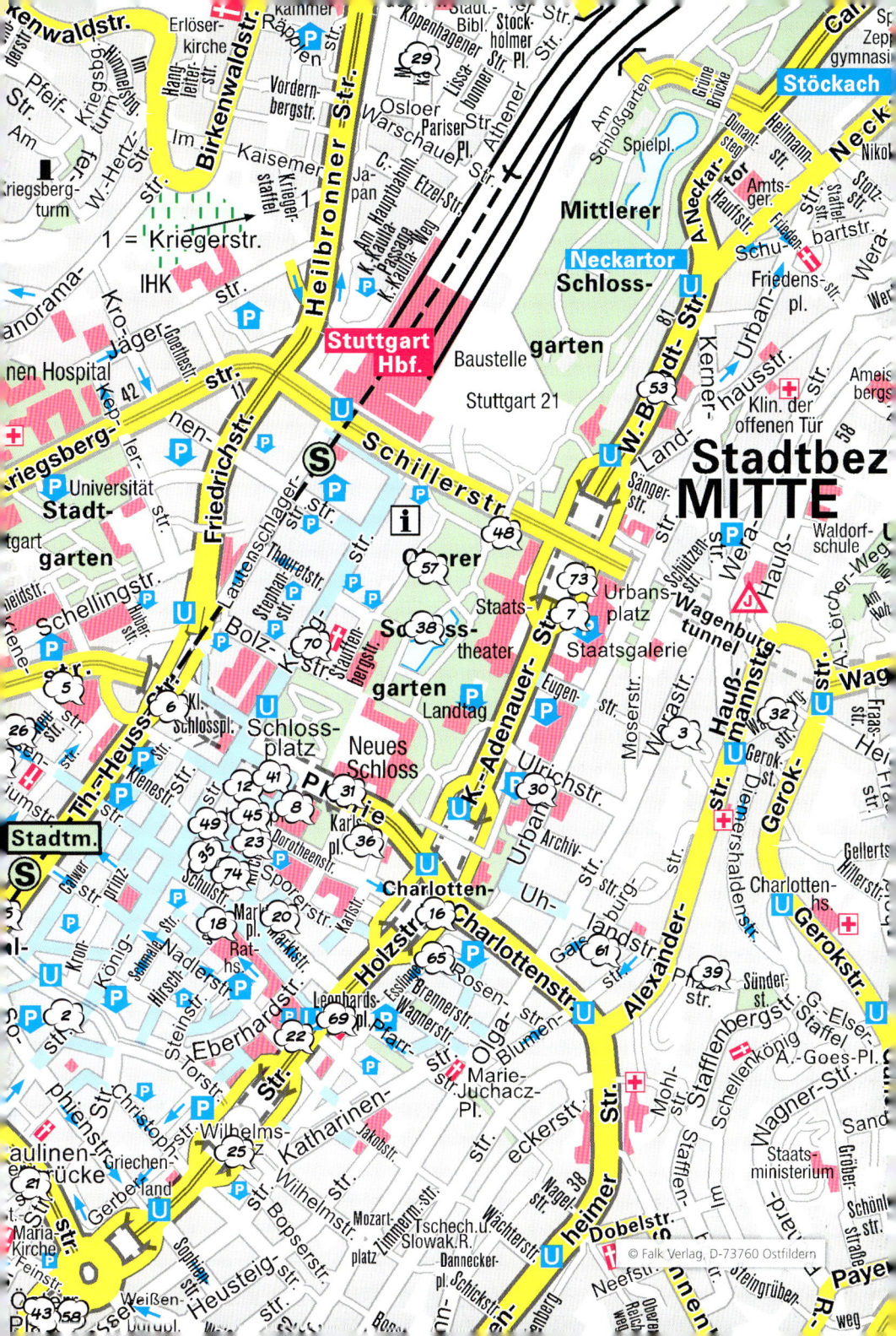

STICHWORTVERZEICHNIS

BildSchön:STUTTGART
Facetten einer Stadt

Stuttgart ist unter den deutschen Großstädten einmalig. Die Topografie – gelegen in einem Talkessel, umgeben von einer Hügelkette – macht diese Stadt zu etwas ganz Besonderem. Die alte königliche Residenz wandelte sich über Jahrhunderte zu einer modernen Großstadt. Ihren Facettenreichtum möchte dieser Bildband zeigen. Entdecken Sie hier das weniger bekannte Stuttgart, das weit mehr umfasst als Königstraße und Schlossplatz im Zentrum. Die außergewöhnlichen Fotografien in diesem Buch überraschen und machen neugierig auf die Hauptstadt Baden-Württembergs. Gehen Sie mit diesem Bildband auf Entdeckungstour und lernen Sie das bild- Schöne Stuttgart aus einem etwas anderen als dem gewohnten Blickwinkel kennen!

Art.Nr.: 59531